JN314297

初等家庭科教育法

新しい家庭科の授業をつくる

加地芳子・大塚眞理子 編著

ミネルヴァ書房

は じ め に

　昭和22年3月31日に制定された教育基本法は，60年振りに改正され，平成18年12月22日に公布・施行され，この教育基本法の改正を受けて，学校教育法が平成19年6月27日に改正された。それに伴って小学校学習指導要領が，平成20年3月28日に改訂された。
　改正教育基本法第2条には，教育の目的を実現するために達成するべき「教育の目標」五項目を以下のように示している。

一　幅広い知識と教養を身に付け，真理を求める態度を養い，豊かな情操と道徳心を培うとともに，健やかな身体を養うこと。
二　個人の価値を尊重して，その能力を伸ばし，創造性を培い，自主及び自立の精神を養うとともに，職業及び生活との関連を重視し，勤労を重んずる態度を養うこと。
三　正義と責任，男女の平等，自他の敬愛と協力を重んずるとともに，公共の精神に基づき，主体的に社会の形成に参画し，その発展に寄与する態度を養うこと。
四　生命を尊び，自然を大切にし，環境の保全に寄与する態度を養うこと。
五　伝統と文化を尊重し，それらを育んできた我が国と郷土を愛するとともに，他国を尊重し，国際社会の平和と発展に寄与する態度を養うこと。

　さらに，教育基本法の「教育の目的」を達成するために学校教育法（第2章義務教育　第21条）では，義務教育として行われる普通教育の目標を示しているが，その中において家庭科が担うものとして「4　家族と家庭の役割，生活に必要な衣，食，住，情報，産業その他の事項について基礎的な理解と技能を養う」と示されている。特に，「家族と家庭の役割」が今回新しく示されていることは注目に値する。
　本著は，以上に示されている，我が国の教育のこれからの姿に迫ることができる小学校家庭科教育とは，どのようなものかを検討しながら取り組んだもの

である。各執筆者は，日頃の教育研究の実績を背景にして執筆していることは当然であるが，できるだけ今回改訂された学習指導要領の趣旨に沿って具体的に論を展開し，授業展開例を提案している。

　本著の構成について。第1章では，小学校家庭科で子どもたちが学ぶ姿をイメージしながら，どのような資質や能力を育てることができるか，その可能性について具体的に述べている。これは，これから教員を目指そうとする学生や，現役の教員であるが家庭科を指導する機会がほとんどなかった方々に，家庭科の授業をイメージしながら，家庭科について学んでいただきたいと考えたからである。第2章では，学習指導要領のねらい，新しい学力観を受けての学習指導・評価の考え方，両者の関連について述べている。第3章「小学校家庭科の授業づくり」では，まず現在，家庭科授業を構想するときの着眼点である13のポイント（成長の自覚を促すガイダンス的な内容，食育の推進を狙った指導など13項目）を取り上げている。これに続いて家庭科の内容を6つ（学習指導要領における4内容を配慮しつつ，便宜的に6つに設定）に分けて，各々，その内容を中心とする今日的課題と学習のねらい，授業例，教材研究等について述べている。さらに，これら6つの内容別授業例において，先の13ポイントを取り入れた場合どのような授業になるかを示すように工夫している。また，教材研究については，授業作りのヒントとして，あるいは新たな教材研究の糸口として活用できることを目指している。

　本著は，新しく教員を目指している方々だけではなく，現職教員の方々が新しい教育改革に沿った家庭科の授業改善に取り組まれる時にも，参考にしていただけるものと確信している。さらに，これをステップとして，新たな家庭科教育の改善の議論が発展していくことになることを期待するものである。

　最後に，お世話になったミネルヴァ書房編集部　浅井久仁人氏に感謝の意を表し申し上げる。

　　　　平成22年10月

　　　　　　　　　　　　　　　　　　　　　　　　　　　　　　　編　者

初等家庭科教育法　目　次

は じ め に

第 1 章　小学校家庭科教育とは何か

第 1 節　小学校家庭科教育の意義とねらい……………………………… 2
　1　家庭科教育のねらい…2
　2　人的関係の基本は，家族との関係である…3
　3　生活における物との関係…5
　4　中・高に対する小学校家庭科の役割…9

第 2 節　小学校家庭科教育のあゆみ…………………………………… 10
　1　家庭科の変遷のとらえ方…10
　2　時代区分別にみる変遷…10

第 2 章　家庭科の教育課程

第 1 節　家庭科の学習指導要領 ………………………………………… 20
　1　家庭科の目標…20
　2　家庭科の内容…23

第 2 節　家庭科における学習指導 ……………………………………… 29
　1　家庭科学習指導の考え方…29
　2　家庭科で育てたい力…30
　3　指導のアプローチとしての 4 つのレベル…32
　4　家庭科における学習指導の方法…34
　5　より充実した指導のために…41

第3節　家庭科における学習評価 ……………………………………………… 45
　1　学習評価の意義…45
　2　学習評価の方法…47
　3　学習評価の活かし方…53

第4節　指導と評価の計画 …………………………………………………………… 56
　1　指導計画の考え方…56
　2　年間指導計画作成上の留意点…57
　3　2年間の題材計画…58
　4　指導と評価の一体化…61
　5　学習指導案の作成…67
　6　授業観察と評価…70

第 3 章　小学校家庭科の授業づくり

第1節　家庭科授業づくりの工夫 ………………………………………………… 74
　1　成長の自覚を促すガイダンス的な内容…74
　2　食育の推進をねらった指導…75
　3　自然と風土を意識した指導…76
　4　消費者教育の推進を図った指導…77
　5　環境への配慮をした指導…78
　6　基礎学力の定着と活用力を高める指導…79
　7　他教科との関連を図った指導…82
　8　言語活動の充実を意識した指導…83
　9　伝統・文化を重視した指導…84
　10　家庭科と道徳教育との関連…85
　11　総合的な学習の時間との関連…87
　12　地域の支援・ゲストティーチャーの活用…88
　13　家庭科の総合性を踏まえた指導…89

目　次

第2節　「家庭生活と家族」の学習 …………………………………………… 91
　　1　今日的課題と学習のねらい…91
　　2　授　業　例…94
　　3　教材研究…103

第3節　「日常の食事と調理の基礎」の学習 ……………………………… 109
　　1　今日的課題と学習のねらい…109
　　2　授　業　例…112
　　3　教材研究…126

第4節　「快適な衣服」の学習 ………………………………………………… 136
　　1　今日的課題と学習のねらい…136
　　2　授　業　例…139
　　3　教材研究…145

第5節　「快適な住まい」の学習 ……………………………………………… 150
　　1　今日的課題と学習のねらい…150
　　2　授　業　例…153
　　3　教材研究…159

第6節　「生活に役立つ物の製作」の学習 ………………………………… 165
　　1　今日的課題と学習のねらい…165
　　2　授　業　例…168
　　3　教材研究…173

第7節　「身近な消費生活と環境」の学習 ………………………………… 177
　　1　今日的課題と学習のねらい…177
　　2　授　業　例…179
　　3　教材研究…189

資　料　編
索　　引

本書は，佛教大学通信教育部テキスト『初等家庭科教育法』にもとづいて作成されました。

第1章　小学校家庭科教育とは何か

> 　本章では，まず小学校家庭科で子どもたちが学ぶ姿をイメージしながら，家庭科がどのような可能性をもっているかについて述べる。
> 　第1節では，家庭科教育の意義と特徴について，どのような資質や能力を育てることを目指しているかについて論じ，第2節では，小学校家庭科教育の歩んできた道をたどりながら，現在における家庭科教育のねらいがどこにあるかを述べる。

第1節　小学校家庭科教育の意義とねらい

1　家庭科教育のねらい

　小学校家庭科とは，どのような学習をすべきものであろうか。家庭科は，家族との家庭生活や衣食住の生活を対象として，生活を営むために必要な資質や能力を育成する教科である。ここでいう「生活」とは，その時代その時代に重視される価値観や社会や経済の状況の影響を受けて変化するものを指し，固定的なものではない。日々の生活は多様に変化するものである。しかし，子どもの人生について考えた時，長い目で見て有効な資質や能力を育てるとは，どのようなことであるかということも考慮しなければならない。

　そこで，まずは，状況がどのように変化しても通用する基礎的・基本的な知識や技能を身に付けることや，家族や衣食住の生活がもつ意味を理解すること，さらに人間が生活するうえで欠かすことができない安心・安全・生命の尊重など基本的な価値観を前提にして生活重視の価値観を身に付けさせることが必要である。その上に立って，生活を営む場面で生じてくる新しい課題を解決することができる力の養成が可能となる。

　このためには，基礎的・基本的な知識や技能を使いこなして課題を解決していくことや，必要に応じて新しい知識や技能を獲得しながら課題解決に取り組む姿勢が必要となる。このようにして，より良い生活を求めて積極的にかかわる向上心の原動力や，生活することへの興味や喜び，自己有能感や自信などを合わせて育てていきたい。

　さらに，自分にとって「良い」生活を求めるだけでなく，そのあり方が，家族・地域の人々・社会ひいては地球全体にとっても望ましい方向にあるかという広い視野に立っての視点をもつことが，求められるであろう。

自分や自分の家族にとっての「さらなる良さ」を求めることが利己主義に陥らないために，社会に対する自分の責任を自覚することが欠かせないことになる。実生活の一つ一つの行為は些細なことであっても，それが重なれば大きい力になり，影響力を与えることになるという自覚を待つことを忘れてはならない。

　さらに，家庭科の独自性として欠かせないことは，これらの資質や能力を実践的・体験的な学習によって身に付けさせることによって，実感をもって体得させることを目指しているということである。

　そこで，小学校の家庭科とは，どのようなことを学ぶものであるかということをわかりやすく理解するために，大づかみに，①人とのかかわりを中心に学ぶ部分と，②衣食住の生活の中で物とのかかわりについて学ぶ部分との2つに分けて，以下に論述したい。しかし，これは，あくまでも，わかりやすくするためにあえて分けたものであって，実際には，家庭における人とのかかわりの中心となる家族との関係を考えるとき，衣食住の生活を通して学ぶことがあったり，衣食住の生活を考えるとき，生活する人との関係を抜きにしては考えられない場合もある。そのように相互に深くかかわり合うことはいうまでもない。

　このように，人と物との有機的な関係こそが，我々が生活を営んでいるということでもある。しかし，ここでは，このような複雑に入り組んだ様相を読み解きやすくするために，あえて2つの部分に分けて述べていくことにする。

2　人的関係の基本は，家族との関係である

（1）家族との生活を認識する

　子どもは，生まれたときから家族とともに生活してきており親しくかつ慣れているため，家族について自ら考える動機や機会が少ない。すなわち，家族に対して，子どもは日常的には無意識にかかわっていることが多い。だからこそ，家族とどのようにかかわりながら毎日の生活をどのように営んでいるかを，学習の場で具体的に取り上げることによって，これまで自分がどれだけ家族から

支えられてきているか，その家族とは何かといったことなどを，改めて考える自覚の機会となるであろう。

　その学習の結果，家族がどのような思いをもって，自分や家族の暮らしのために気を配りながら世話をしてくれていたのかを知ることができる。さらには，そのような家族の思いや支えてもらっていることへの感謝の気持ちをもったり，自分でもそれに応えたいという気持ちになり，自分にできることを見つけて家族のために何かを行う。すると，そのことに対して，家族から感謝されたり，「自分にもできることがあった」という満足感を味わうことができる。このような具体的なやり取りを繰り返す中で，家族と共に暮らしていることの大切さを感じたり，人のためにできることをしたり，人からしてもらったことに感謝の気持ちを表したりしながら，人間関係を紡いでいくことの良さを知ることができるであろう。

（2）家族との関係を築く力

　また，このように家族とかかわっていく中で，どうすれば自分の気持ちをうまく伝えることができるかとか，お互いが気持ちよくかかわるためには，どのようにすればよいかなど，家族との関係を通じて，広く人間関係の持ち方や，お互いに良い関係であるための人間としてのあり方などを，具体的な場面を通して学ぶことができる。そこでは，ことばで伝えたり，メッセージに書いたりして自分の気持ちを伝えることを学ぶ。言葉や文章にすることによって，自分の気持ちをはっきりと認識することができるし，このような体験を通して，言語の表現力やコミュニケーション力を磨くことにもなり，ひいては，国語力の養成へとつながる。

　学校生活においては，同世代の友人との関係いわば横の関係が中心になる生活であるが，家族生活は，親子関係，年齢差は小さくても異なる年齢の兄弟姉妹関係，あるいは祖父母と孫との関係など，多様な年齢構成でしかも縦の関係の集団生活である。高齢で身体的に機能が衰えている祖父母やまだ幼い弟妹に対して，いたわりの気持ちで接することが必要なことを実感するであろう。そ

のような学習体験を通して，人間として大切なことは何かを学ぶことができる。これは，家庭科が道徳教育の一環を担うことにもなる。

　あるいは，このような身近な家族との関係であっても，お互い気持よく過ごすためには，お互いが自分の好き勝手な行動をするのではなく，お互いに一定のルールを守って，お互いの立場を尊重しながらかかわることが大切であることを学ぶであろう。このような体験は，社会性の基本を学ぶことになる。また，家族に限らず，身近な人々とかかわり合うことは，今後，地域や社会で助け合って生きていくことの大切さや意味を学ぶことになるであろう。

3　生活における物との関係

(1) 物について認識すること
　家庭科の学習には，物との関係の部分がある。衣食住の生活の中で，生活を支えている物（生活資源といってもよい）との関係をより良いものに改善していくための学習である。食べること・着ること・住まうことの学習である。この学習のスタートは，我々の暮らしを支えている生活資源としてのものについて知ることから始まる。たとえば，子どもたちは，今日の朝食に何を食べたかを尋ねられた時，明確に答えることができない場合が多い。料理の名前だけでなく，食材が何であったか，どんな味であったかなど，まったく無頓着なままに，きまりきった生活を繰り返していて，日常の生活について自覚的に認識されていないことが多い。この状況では，自分からかかわっていくことはできない。まして，少しでもより良い暮らし方を求めて工夫することは，到底できないのである。まず，毎日の衣食住の生活が，どのように営まれているかということを実感し認識すること，生活認識から学習が始まる。

　たとえば，みそ汁を学習するとしよう。煮干で出汁をとり，汁の実として大根，油揚げ，わかめを入れて，味噌で味づけする。これらの食材は，食べると体のためにどのような働きをするか，主に含まれている栄養素は何か，1回の食事としては，他にどのようなおかずを食べれば栄養的には満足できるか，み

そ汁の作り方は……というように，日頃無関心であった物への関心が掘り起こされ，次々に知識として獲得することができる。

(2) 実践的に体験を通して学ぶ

ところが，家庭科では，これを知識として終わらせるのではなく，実践的に体験を通して学ぶことになる。包丁で切った大根の切り口のみずみずしさを感じたり，少し力を入れて扱っただけですぐ崩れてしまう豆腐が，油で揚げると軽いがしっかり固くなることに驚いたり，わかめを水に戻すと嵩が増えて沢山になることや保存のために乾燥するという知恵を知ったり，感性を刺激されたりする。味噌は，日本古来の調味料で，各地方で特徴ある味噌が作られているなど，これまで生活に無関心であった時には気づかなかったたくさんの発見に出会うことができる。さらに，友達と手分けしながら共同作業をして初めて調理したみそ汁の味は，これまでで一番おいしい味わいであろう。出汁をとること，実の材料を包丁で切ること，実をだし汁で煮ること，味噌で味付けすることと，一つ一つ初めて学習することであっても，そこで習得したことを組み合わせることによって，自分たちで，おいしいみそ汁を作ることができたという充足感や生活にかかわることの喜びや面白さは，家庭生活へ積極的にかかわりたいという意欲を引き出したり，やればできるという自信をもつことにつながるであろう。固かった大根も煮ることで食べやすく美味しくなることを実際に体験することで，人間は，なぜわざわざ調理して食するのかがわかり「調理すること」の意味を学ぶことになる。

また，調理するには，複数の作業を並行して進めることが必要になる。一つ一つの作業を，どのタイミングで組み込んでいくかというシステムをマネージする能力を鍛える場ととらえることができるのである。

(3) ブラックボックスの中を覗く

このように，体験を通して学ぶまでは，家の食卓に並んでいるみそ汁がどのように調理されたのかなどということには関心がなく，まさに食卓に並べられ

るまでの工程がブラックボックスに入っていた。実際に調理して，そのブラックボックスを覗いて見ることによって，おいしく食べるために味噌で味付けするタイミングまでも配慮して準備してくれていた家族の気配りに感謝したり，熱いみそ汁をおいしいタイミングで食べる気配りができるようになるであろう。

　実習において，大根の皮を厚くむくか，薄くむくか，あるいは皮つきのままの大根をみそ汁の実にするかという関心は，味の問題だけでなく，食材を無駄なく使うかどうかという資源活用の問題であったり，生ごみの量や処理の問題として環境問題につながる生活のあり方を学ぶ場面になる。

　また，味噌やわかめを通して，我が国の食文化の奥行きの深さに触れることができ，現代人の生活が伝統と文化とに支えられて成り立っていることを知る機会にもなる。

（4）手を使って製作することと「ちゃんと」生活することと

　別の学習場面で，自分の生活に必要なものとして学用品を入れる布袋を作る学習をしたとしよう。一針一針手で縫ったり，初めて使えるようになったミシンで縫って作り上げた布袋には，愛着ができて，少し使い古したくらいでは，それを捨てて新しい袋に変える気持ちにはならない。店で買ったこれまでの袋は，柄や色に飽きたり，もっと安く気に入ったものがあったら，次々と買い換えていたのに，自分で縫った袋は中学生になっても使い続けるであろう。この差は何か。作り上げた時の感動や喜びを実感したり，どのようなものでも，作る人の心があってできていることに気づかなかった時には，また，人間の手を使って作ることが本来もっていることの意味を知らなかった時には，常に目新しいものを欲しいという限りない欲望に振り回されていたのに，欲望に振り回されることの無意味さにどことなく気付いたからであろう。大量生産・大量消費のサイクルに組み込まれていた消費スタイルの問題点を転換する契機となる気づきがここにある。豊かさを求めて「もっと」とエスカレートしていく生活の愚かさに気付き，堅実に「ちゃんと」生活するとはどういうことかを考える動機を与えることができるのではなかろうか。

(5) 応用する力・課題解決する力

　袋作りの学習をした後，しばらくして，クラブ活動で使う道具を入れる布袋が必要になったとしよう。家庭科の授業で作り，大切に使ってきた袋をもっているが，中に入れる物の大きさの関係で，その袋は使いにくいことがわかった。いろいろ考えた末に新しい袋を作ることになった。以前，家庭科で作品を作るときに，しっかりと使い勝手の良さを考えて作っていたので，今回の計画を立てるとき参考になった。サイズや布を選ぶ時の注意点や，どこに気を付けて縫えばよいかなど考えやすかった。また，家庭科の時間で，暖かく暮らすために，どこを改善して工夫すればよいかを学んだことなどを思い出して，課題を解決する方法の参考にした。工夫しながら，計画通りの袋を仕上げることができ，便利に使っている。

　このように，学習したことを実生活に応用することができる力を育てることができたのは，なぜであろうか。具体的な生活場面について実践的に考えたり，自分の手を使いながら試行錯誤したりする体験を通して納得するまで学ぶ経験をしていたからこそ，転換できる応用力を身に付けることができたのである。学習の内容をできるだけ精選することによって，時間をかけて深く学ぶことの意味がここにある。

　身近で些細なことでも，筋道を立てて解決方法を探り一歩ずつ処理していけば，課題を解決することができるという学習経験を繰り返しておけば，また，実際に自分でも取り組む経験をしておくことがあれば，その後，どのような場合でも逃げずに取り組めば，解決の方法は必ずあるという確信をもつことができるようになる。そうすれば，その後の人生において大きな課題を抱えた時にも，ただ無策で立ち竦むのではなく，少しずつでも解決に向けて糸口を探って努力していく勇気と方策とをもつことができるであろう。課題解決力を身に付けることができるのである。

(6) 体験的・実践的に学ぶということ

　家庭科が「体験的・実践的」な学習を重視することの意味は，生活行為を実

際に体験して確かめたり，技能を身に付けたりして学習成果を確実にするということだけではない。以上述べてきたように，人間として生きていくうえで必要な力や，生活することへの瑞々(みずみず)しい感性や感動を，学習活動を通して子どもたち自らが学び取ることができるところに深い意義がある。知識・技能・思考力・感性を子どもの「生きる力」として組織することの可能性が，家庭科の学習には豊富なのである。

　また，家庭を具体的な活動場所とする家庭科教育にとって，家庭教育や地域の人々との関係を抜きにすることはできない。

4　中・高に対する小学校家庭科の役割

　子どもは，小・中・高を通して家庭科を学ぶ。それぞれの学校段階における役割を自覚しながら全体を見通した教育を行う必要がある。知的な発達が著しくなる中学校では論理的に深めることが得意であろうし，社会的にも視野の広がりが期待できる高等学校では，総合的に多様な視点から運用する力を伸ばすことに適しているといえよう。このように，将来，中・高等学校においてダイナミックに広がったり深まったりする学習を可能にする土台を築く役割が小学校家庭科である。小学校家庭科において，家族や衣食住の生活とどのように出会わせておくかということが，重要なカギを握ることになる。家庭生活について学んだことを活用しながらいろんなことができるようになることは楽しいことであり，学ぶことによってそれまで知らなかった生活が広がる面白さを味わったり，自分にもできるという自信をもつなど，生活への積極的な姿勢を育てることが可能である。また，生活とかかわる経験を豊富にしておくことは，中・高で知的な世界が広がった時に，生活の実感を失わずに対応したりバランス感覚を失わない価値判断できることになる。そのためにも，小学校では，家庭科の学習によって「生活への興味・認識」を広げ，かつ深めておくべきである。

　　　　　　　　　　　　　　　　　　　　　　　　　　　（加地芳子）

第2節　小学校家庭科教育のあゆみ

1　家庭科の変遷のとらえ方

　家庭科の教育がどのように行われてきたか，その歴史的実態は，もちろん家庭科の授業そのものにあるが，もはや今日ではそれを詳しく把握するのは非常に困難である。そこで，文部省・文部科学省から告示された法令や学習指導要領などを手がかりにして，公的な家庭科教育の跡を振り返ることにしたい。それぞれの時代の学校教育の基準として国が具体的に示してきたものが，法令や学習指導要領などであるからである。こうした家庭科教育の歴史を学ぶことによって，それを今後の家庭科教育のあり方に反映させたい。
　第2次世界大戦の敗戦後，連合国の占領下で，戦前の教育を否定するところから，新しい家庭科が誕生した。しかし，いくら制度を変えたとしても（特にこの場合，非常に外圧的に）人間の意識や営みを，急に変えることはできない。制度として否定したとしても，その根底に流れ続けているものを無視することはできないからである。かつて歴史的事情から否定されたものを含めて，これまでの家庭科教育の遺産を継承した上で，今後我々がどうあるべきかを考え，かつ学ぶべきである。しかし，紙幅の関係もあり，戦前については簡潔に触れ，すでに60年を経過した戦後を中心に，平成20年の改訂に至る経緯について述べることにする。

2　時代区分別にみる変遷

（1）明治期：家事・裁縫教育ことはじめ
　わが国において，国家による公教育が始まったのは，明治5（1872）年に学

制が頒布された時からである。「女児小学ハ尋常小学校教科ノ他ニ女児ノ手芸ヲ教フ」の「手芸」という名称で始まった。明治12（1879）年の教育令により「裁縫」という教科名が用いられることになった。それは製作技術を中心としたもので，女子に必要な教養として学校教育の中に位置づけられることになった。明治期の家事教育は，独立した教科としての確立はあいまいな形でスタートしたが，明治13（1980）年の改正教育令によって制度的に確立した。しかし，明治19（1986）年の小学校令では教科から除外され，国語の教科書の内容や理科の中で家事的内容を学ぶことになった。

（2）大正期：大正デモクラシーの影響

　大正期は，第1次世界大戦の影響による社会情勢の変化が家庭生活に変革をもたらすとともに，大正デモクラシーを背景とした，自由主義教育運動の影響を受けた。裁縫教育は，制度に変化はないが，内容として洋服やミシンの教材がわずかながら取り入れられた。家事教育は，大戦後の生活困窮を打開するために，家庭生活の合理化・科学化が図られた影響で，大正8（1919）年，小学校令改正によって高等小学校の教科として成立した。

（3）昭和前期：戦時体制の下で

　世界的な経済恐慌を受け，満州事変・日華事変・第2次世界大戦と戦時体制が拡大し，国民生活はその影響を受け，生活合理化が図られた。家事・裁縫教育も，昭和16（1941）年に公布された国民学校令によって，芸能科家事・芸能科裁縫となり，戦時体制を乗り切るための教科として，国民生活の充実，婦徳の涵養，家を斉えて国に報じる精神の涵養などを行う教育を担うこととなった。

（4）昭和22年『学習指導要領家庭科編（試案）』の告示：戦後の新教育成立期

　第2次世界大戦の敗戦によって，連合国の占領下におかれた日本の教育は，新しい民主主義国家の建設を目指すことになり，その基本方針は昭和22年

（1947）制定の教育基本法に示された。家庭科教育もまたその精神に基づき，民主的家庭建設者を育成する教科として発足した。

小学校家庭科は，5・6学年の男女児童が週3時間学ぶ教科となり，昭和22年（1947）に『学習指導要領家庭科編（試案）』が告示された。その中で，家庭科指導の「総目標」として次の事項が挙げられている。

> ① 家庭において（家族関係によって）自己を成長させ，また家庭及び社会の活動に対して自分の受け持つ責任のあることを理解すること。
> ② 家庭生活を幸福にし，その充実向上を図って行く常識と技能とを身に付けること。
> ③ 家庭人としての生活上の能率と教養とをたかめて，いっそう広い活動や奉仕の機会を得るようにすること。

以上の総目標を受けて「学年目標」は次のようになっている。

> 〔第5ないし第6学年〕
> 　この学年のこの科目は，男女ともに課すべき家庭科であって，その考え方も教え方も中学校におけるものとは異なるべきである。
> ① 家庭を営むという仕事の理解と，性別，年齢の如何にかかわらず家庭人としての責任ある各自の役割の自覚。
> ② 家人及び友人との間に好ましい間柄を実現する態度。
> ④ 自主的に自身の身の回りに責任を持つ態度。
> ⑤ 食事の支度や食品に興味を持ち，進んでこれを研究する態度。
> ⑥ 家庭生活に必要な技術の初歩。
> 　A．簡単な被服の仕立てと手入れおよび保存の能力．
> 　B．家庭の普通の設備や器具を利用したり，よく手入れしたりする能力。

新しい理念のもとに開設された「家庭科」であったが，実際にはこの趣旨の徹底をめぐって，CIE（米国の民間情報教育局）からの勧告で廃止論が出されたり，授業の実施上でも問題が多かったため，昭和24年に設置された教育課程

審議会・初等教育分科会を中心として審議された。結果的には，存置することになった。昭和26年（1951）の「学習指導要領一般編（試案）」には第5・6学年に家庭科を置く意義を示すとともに，小学校教育全般にわたって家庭生活についての指導を行う必要性を説いている。このように，学校教育における家庭科の位置づけは明確にされたにもかかわらず「学習指導要領家庭科編」の作成は行わず，『小学校における家庭生活指導の手引』が発行された。5・6年に特設される家庭科の時間にこだわらず，小学校1年から6年までの他教科において指導するなど，家庭生活の指導をこれまで以上に強化する必要性が示された。このことによって，家庭科の立場が不明瞭になったといえる。

（5）昭和31（1956）年　家庭科学習指導要領の改訂

上述したように，昭和26年の改訂では指導要領家庭科編を作らず『小学校における家庭生活の手引』でおおまかな扱いを示すだけであったため，家庭科指導の実態に混乱を生じ支障をきたした。そのため，「学習指導要領家庭科編」を昭和31年2月に刊行し，家庭科の教科としての立場を明確にした。実施は，同年4月からである。

家庭生活や家族関係に関する認識を深め，家族の一員としての自覚に立って，衣食住をはじめ家庭生活の改善向上に役立つ実践力をつける教科であることを目標としている。内容を「家族関係」「生活管理」「被服」「食物」「住居」の5分野に整理し，2学年分が一括して示された。特に「被服」「食物」「住居」の指導は「家族関係」や「家庭管理」と関連づけて指導することを大切とするなど，家庭科本来の姿であると評価される一方，家族関係を重視するなら社会科と重複するという批判があった。

（6）昭和33（1958）年　家庭科学習指導要領の改訂

「最近における文化・科学・産業などの急速な進展に即応して，国民生活の向上を図りかつ，独立国家として国際社会に新しい地歩を確保する」という基本方針のもと，道徳教育の徹底と基礎学力の充実，科学技術教育の向上を図る

ことなどを主眼として指導要領改訂が行われた。
　小学校家庭科は，衣食住の技能を中心とし家庭生活についての理解を深め，実践的態度を養う教科と位置づけられ，技能教科としての性格が強くなった。内容は，5・6年別々に「被服」「食物」「すまい」「家庭」の4領域に整理された。授業のあり方や他教科との重複などの課題に対して，「家族関係」「家庭管理」を合わせた領域として「家庭」の領域が新設された。
　ちなみに，同時に改訂された中学校の教科名は「技術・家庭科」となり，「男子向き」「女子向き」と別学で技術を重視した内容で学ぶことになった。「女子向き」の内容から家族や家庭経営に関する内容が，全面的に削除された。

(7) 昭和43 (1968) 年　家庭科学習指導要領の改訂

　昭和30年代の日本は，産業・社会・国際関係などにおいて著しい進展があり，これに即した教育を求めて指導要領の改訂が行われた。人間関係の上から調和と統一ある教育課程の実現を図ることがうたわれ，教科の目標を達成するに必要な基本的事項を精選することが求められた。その基本的事項の精選に当たっては，時代の進展に応ずるとともに，児童の心身の発達に即し，その発展性と系統性とについて，留意された。
　小学校家庭科に関しては，領域の分け方や内容の構成はほぼ，前回と同じであるが，指導事項については，削減が行われている。

(8) 昭和52 (1977) 年　家庭科学習指導要領の改訂

　学校教育に知育偏重の傾向が強まり，児童・生徒にさまざまな問題が生じたという認識を受けて，「人間性豊かな児童生徒の育成」「ゆとりのあるしかも充実した学校生活」「国民として必要とされる基礎的・基本的な内容の重視と個性と能力に合わせた教育」という3点の改善のねらいに基づき，家庭科改善の基本方針が出された。
　この基本方針において「小学校，中学校及び高等学校を通して，実践的・体験的な学習を行う教科としての性格が一層明確となるように留意して内容の精

選を行い，その構成を改善する」とされ，小・中・高の家庭科は，「実践的・体験的学習を行う教科」という性格づけをすることになった。

また，このことにより，今回の改訂の重点事項の1つ「創造的な知性と技能を育てる」とも関連することになり，「(小学校)直接手を使って製作する活動や体験的な活動を通して物をつくることや働くことの喜びを得させるようにする」と家庭科は，直接かかわることになった。

実践的・体験的な活動を通して，有機的・総合的な指導が行われやすいようにするために，内容を4領域から「被服」「食物」「住居と家族」の3領域に整理統合された。「すまい」の学習を実践的な面から見直し，家庭生活全体をとらえさせる視点からの統合となった。領域数を減らした理由は，教材量が減ることになるので，内容を有機的・総合的に扱いやすくなり，指導の効果を上げることができると考えられたようである。

なお，同時に改訂された中学校では，従来の「女子向き」「男子向き」の学習系列の表現を止め，9領域の内，男子に技術系列5領域，女子に家庭系列4領域を選ばせることになった。その上に，男子に家庭系列，女子に技術系列をそれぞれ1領域選ばせる配慮をすることが示され，わずかながら男女の履修に重なりをもたせることができるようになった。

また，昭和53年改訂の高等学校「家庭一般」においても，男子が履修する場合の注意が示され，これまでの女子のみに必修とされた方針が緩和されている。

(9) 平成元 (1989) 年　家庭科学習指導要領の改訂

これからの社会において自主的，主体的に生きていくために必要な資質の養成を目指して改訂された「心豊かな人間の育成」「基礎・基本の重視と個性教育の推進」「自己教育力の育成」「文化と伝統の尊重と国際理解の推進」が，その方針の基本になった。

教科の目標には，大きい変化は見られないが，指導を弾力的に進めやすくするために学年の目標は，2年間をまとめて示された。内容は，「被服」「食物」「家族の生活と住居」の3領域は変わらないが，「住居と家族」を「家族の生活

と住居」に変えて，家族の生活がより重視されることになった。特に留意した改善点として，実践的・体験的な学習，家庭生活にかかわる内容，日常生活との関連，消費者としての態度の育成があげられている。

今回の改訂で，小学校低学年に新教科として生活科を設けることになり，中・高学年の各教科等の中に，生活科が目指していることが生かされ，発展されることが期待されている。

昭和60年の「婦人に対するあらゆる差別撤廃に関する条約」の批准に関して，中学校「技術・家庭科」・高等学校「家庭科」が問題となったことにも後押しされた形で，履修における男女差が撤廃され，名実ともに「男女児童・生徒のための家庭科」が実現した。

(10) 平成10（1998）年　家庭科学習指導要領の改訂

「21世紀を展望した我が国の教育の在り方」の諮問を受けた中教審は「生きる力」と「ゆとり」を答申した。また，「新しい学力観」についての論議も深められた。それを受けた小学校家庭科は「家族の人間関係や家庭の機能の充実の観点から，豊かな人間性と社会性を培う」「家庭生活の改善のために，自ら学び自ら考える力の育成」「基礎・基本の確実な定着」「学校の創意工夫による，弾力的な指導展開」を改善点とした。

家庭科の目標の基本的な考え方は，従来と同様であるが，「学年の目標」は，家庭科で育成を目指す資質や能力を2学年分まとめて具体的に示している。これは，実態に応じた題材や教材を選択できるように2題材（ご飯とみそ汁）だけが指定されて内容の大綱化が図られ，弾力的な指導をすすめる時，要としての目指す資質や能力を明確にする必要があるからである。

内容は2学年まとめて「家庭生活と家族」「衣服への関心」「生活に役立つ物の製作」「食事への関心」「簡単な調理」「住まい方への関心」「物や金銭の使い方と買い物」「家庭生活の工夫」の8つの内容のまとまりで示された。内容間の有機的・総合的な指導を可能にすることを狙ったものである。中学校との整理調整を行い，基礎・基本となる内容の厳選を行っている。生活への問題意識

を重視して「関心」の文言を付加している。課題解決力を身に付けることができる内容を重視したり，消費生活や環境・近隣の人々に配慮した家庭生活の工夫など，社会の変化に伴う生活のあり方の変化に対応できるように改善されている。

今回の改訂で，「総合的な学習の時間」が小学校3学年以上に設けられることになった。

(11) 平成20（2008）年　家庭科学習指導要領の改訂

この改訂について，本文に詳しく論じられているので，ここでは省略する。

研究課題

① 小学校家庭科においてどのような資質や能力を育てることができるか，考えてみよう。
② 5・6学年で家庭科を学習する前に，3・4学年において，どのような準備学習や実践をすればよいだろうか，考えてみよう。
③ 家庭科教育と家庭教育との違い，および両者の望ましい関係について考えてみよう。
④ 小学校家庭科が，5・6学年において学ぶことになっていることについて
　(1) なぜ5学年から学習することになったか調べてみよう。
　(2) 現在の子どもの実態からみて，5学年から学習が始まることは適切かどうかについて，考えてみよう。

第1章参考文献

加地芳子編著『家庭科教育論』東進堂，1988年
加地芳子編著『小学校学習指導要領　Q＆A　家庭編』教育出版，1999年
長澤由喜子・鈴木明子編著『平成20年改訂　小学校教育課程講座　家庭』ぎょうせい，2008年
常見育男『家庭科教育史　増補版』光生館，1980年
奥田真丈監修『教科教育百年史』建帛社，1985年
奥田真丈監修『教科教育百年史（資料編）』建帛社，1985年

第1章　小学校家庭科教育とは何か

朴木佳緒留・鈴木敏子編『資料からみる　戦後家庭科のあゆみ』学術図書出版社，1990年
各改訂における『小学校学習指導要領　家庭』文部省・文部科学省

（加地芳子）

第2章　家庭科の教育課程

　本章では，家庭科の教育課程（カリキュラム）について解説する。第1節では学習指導要領に示されている目標と内容について，第2節では新しい学力観を受けての学習指導（育てたい力や指導方法）について，第3節では評価について，第4節では指導計画について述べる。また学習指導案作成の留意点と授業観察の視点も示す。

第1節　家庭科の学習指導要領

1　家庭科の目標

(1) 教科の目標

現行（平成20年告示，23年度より実施）の学習指導要領では小学校「家庭科」の目標を次のように示している。

> 衣食住などに関する実践的・体験的な活動を通して，日常生活に必要な基礎的・基本的な知識及び技能を身に付けるとともに，家庭生活を大切にする心情をはぐくみ，家族の一員として生活をよりよくしようとする実践的な態度を育てる。

この家庭科の目標は，次の3つの部分から構成されている。

「衣食住などに関する実践的・体験的な活動を通して」では，教科における学習方法の特質を述べている。「日常生活に必要な基礎的・基本的な知識及び技能を身に付けるとともに，家庭生活を大切にする心情をはぐくみ」では，学習内容として主に家庭生活に焦点を当て，衣食住などに関する内容を取り上げ，日常生活に必要な知識及び技能を身に付けるとともに，家庭生活を大切にする

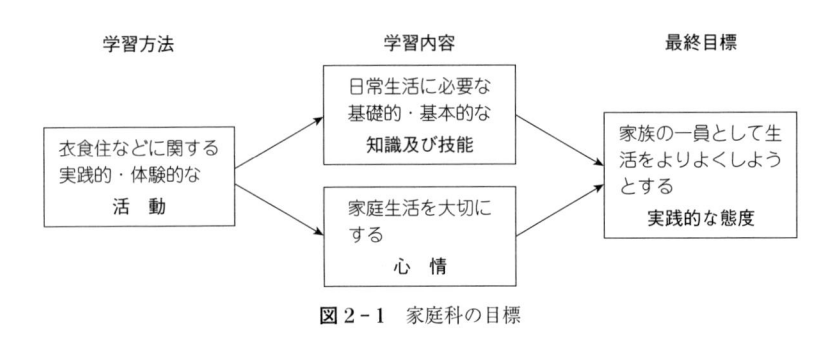

図2-1　家庭科の目標

心情をはぐくむことを述べている。「家族の一員として生活をよりよくしようとする実践的な態度を育てる」ことを，最終目標としている（図2-1）。

　家庭科では，人間の基本的な営みが行われる家庭生活を主な学習対象としているので，家庭生活にかかわりの深い人やもの，環境などとの関連を図りながら，衣食住を扱うこととなる。

　家庭科は，家庭生活における衣食住などに関する内容について，実習や観察，調査などを通して実感を伴って理解できるように学習を展開することによって，日常生活に必要な基礎的・基本的な知識及び技能を身に付け，生活における自立の基礎を培うとともに，家庭生活を大切にする心情を育てることを目指している。また，進んで身近な生活の課題を解決する能力を身に付け，家族の一員としての自覚をもって，家族や近隣の人々と協力して，家庭生活を一層楽しく，よりよくしようと工夫する能力と実践的な態度や豊かな人間性を育てることをねらいとしている。

　このことは，自己と家庭，家庭と社会とのつながりを重視したものであり，家族や近隣の人々など他者や社会，自然や環境とともに生きる開かれた個として，生涯にわたる家庭生活の基盤となる能力や態度をはぐくむことを目指したものである。

（2）学年の目標

　従前と同様に第5学年と第6学年をまとめて示し，家庭科で育成する資質や能力を3つの側面から具体的に示している。

> （1）衣食住や家族の生活などに関する実践的・体験的な活動を通して，自分の成長を自覚するとともに，家庭生活への関心を高め，その大切さに気付くようにする。

　自分の成長はその発達の過程で衣服や食物，住まいなどの生活に支えられ，同時にその生活が家族によって支えられてきたことを，衣食住や家族の生活などに関する実践的・体験的な活動を通して実感することにより，家庭生活への関心を高め，日々の生活の営みの大切さに気付くようにすることを目指してい

る。

> （2）日常生活に必要な基礎的・基本的な知識及び技能を身に付け，身近な生活に活用できるようにする。

　基礎的・基本的な知識及び技能は，生活における自立の基礎を培い，健康で自分らしい生活をするために必要であり，また，他の新たな知識や技能を獲得する基となるものである。そのような知識や技能を発揮することによって，よりよい家庭生活の実践ができるようになる。このような知識や技能は，単に方法だけを取り出して訓練しても実生活に生かすことのできるものとはなりにくい。日常生活に関連のある学習場面において，児童自身が主体的に知識や技能を生かし，自分の考えを働かせながら工夫する経験を繰り返す中で身に付いていくものである。

> （3）自分と家族などとのかかわりを考えて実践する喜びを味わい，家庭生活をよりよくしようとする実践的な態度を育てる。

　生活をよりよくするために工夫しようとする能力と，実践しようとする意欲的な態度を育てるためには，実践する喜びを味わうことが重要な視点の一つとなる。自ら考え実践したことが受け入れられ，評価された時に，楽しさと充実感を味わうことができる。このような経験を重ねることによって，児童は，家族の一員としての自覚をもち，喜んで家族と協力して家庭生活をよりよくしようとする態度を身に付けることができるようになる。また家庭生活は，自分の家族との関係だけではなく，近隣の人々とのかかわり方や，家庭生活を取り巻く環境への影響などを考慮しながら，よりよい家庭生活を工夫して積極的に取り組むことができるようにする。

2　家庭科の内容

（1）内容構成について

① 中学校の内容との体系化を図るため，8つから4つの内容に組み替えられた。これは生涯にわたる家庭生活の基盤となる能力と実践的な態度を育成する観点から，系統性や連続性を重視して，小学校と中学校の内容構成を同一の枠組みとしたのである。

表2-1　家庭科の内容構成

小学校（平成20年版）	小学校（平成10年版）
A　家庭生活と家族 B　日常の食事と調理の基礎 C　快適な衣服と住まい D　身近な消費生活と環境	（1）「家庭生活と家族」 （2）「衣服への関心」 （3）「生活に役立つ物の制作」 （4）「食事への関心」 （5）「簡単な調理」 （6）「住まい方への関心」 （7）「物や金銭の使い方と買い物」 （8）「家庭生活の工夫」
中学校（平成20年版） A　家族家庭と子どもの成長 B　食生活と自立 C　衣生活・住生活と自立 D　身近な消費生活と環境	

② 内容は2学年まとめて示されており，地域や学校，児童の実態に応じて弾力的に学習指導ができるように配慮されている。

③ 衣食住の生活は家庭の中で営まれ，家庭生活は消費や環境の問題と切り離すことができない。「A　家庭生活と家族」「B　日常の食事と調理の基礎」「C　快適な衣服と住まい」「D　身近な消費生活と環境」の4つの内容を関連させながら学習することで，家庭生活を総合的にとらえることができ，より効果的な学習が展開できる。

④ 第5学年の最初に学習の見通しをもたせるガイダンスを設けるとともに，生活における自分の成長を2学年間の学習全体を貫く視点として，学習を通して成長した自分を実感できるように配慮する。

⑤ 基礎的・基本的な内容の確実な定着を図り，中学校の学習に効果的に接続

第 2 章　家庭科の教育課程

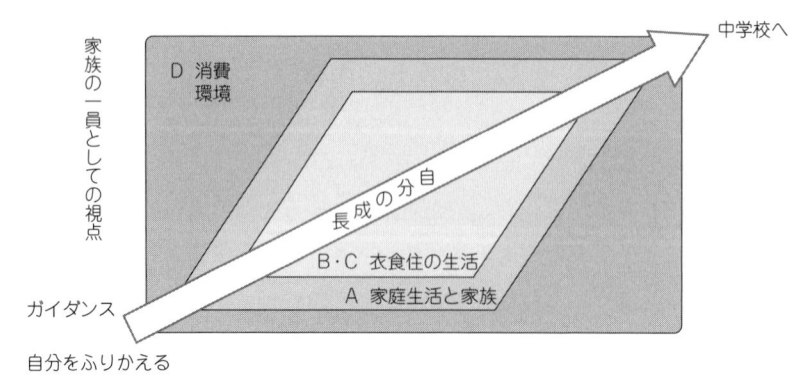

図2-2　家庭科内容構成の特質

出所：元文部科学省調査官岡陽子氏作成（2008）

できるように配慮する。

図2-2は，以上のような内容構成の特質をよく表わしている。

（2）　4つの内容

A　家庭生活と家族
（1）自分の成長と家族について，次の事項を指導する。
　ア　自分の成長を自覚することを通して，家庭生活と家族の大切さに気付くこと。
（2）家庭生活と仕事について，次の事項を指導する。
　ア　家庭には自分や家族の生活を支える仕事があることが分かり，自分の分担する仕事ができること。
　イ　生活時間の有効な使い方を工夫し，家族に協力すること。
（3）家族や近隣の人々とのかかわりについて，次の事項を指導する。
　ア　家族との触れ合いや団らんを楽しくする工夫をすること。
　イ　近隣の人々とのかかわりを考え，自分の家庭生活を工夫すること。

自分の成長，家庭の仕事と生活時間，家族や近隣の人々とのかかわりに視点を当てて学習することにより，家庭生活への関心を高め，生活の営みの大切さに気付くとともに，家庭生活をよりよくしようと工夫する能力と実践的な態度を育てることをねらいとしている。

（1）児童がこれまでの生活を振り返り，自分の成長は衣食住といった生活の中で家族に支えられてきたことに気づき，成長する自分を自覚することを通して家庭生活と家族の大切さに気づけるように指導したい。

（2）家庭生活はさまざまな仕事によって支えられており，家族の一員として家庭の仕事を分担できるようにする。またそのためにも自分の生活時間を見直し，有効な使い方を工夫できるようにする。家庭生活をよりよくするために，主体的に家族に協力しようとする意欲や態度を育てたい。

（3）家庭生活が，家族の協力だけではなく，近隣の人々とのかかわりで成り立っていることを理解し，近隣の人々と協力し助け合っていく必要があることに気づくようにする。家族や近隣の人々とのかかわりによって，よりよい生活をつくりだしていくために，自分で何ができるかを考えさせたい。

B　日常の食事と調理の基礎
（1）食事の役割について，次の事項を指導する。
　ア　食事の役割を知り，日常の食事の大切さに気付くこと。
　イ　楽しく食事をするための工夫をすること。
（2）栄養を考えた食事について，次の事項を指導する。
　ア　体に必要な栄養素の種類と働きについて知ること。
　イ　食品の栄養的な特徴を知り，食品を組み合わせてとる必要があることが分かること。
　ウ　1食分の献立を考えること。
（3）調理の基礎について，次の事項を指導する。
　ア　調理に関心をもち，必要な材料の分量や手順を考えて，調理計画を立てること。
　イ　材料の洗い方，切り方，味の付け方，盛り付け，配膳（ぜん）及び後片付けが適切にできること。
　ウ　ゆでたり，いためたりして調理ができること。
　エ　米飯及びみそ汁の調理ができること。
　オ　調理に必要な用具や食器の安全で衛生的な取扱い及びこんろの安全な取扱いができること。

食事の役割，栄養を考えた食事，調理の基礎について学習することを通して，

日常の食事への関心を高め，食事の大切さに気付くとともに，調和のよい食事と調理に関する基礎的・基本的な知識及び技能を身に付け，食生活をよりよくしようと工夫する能力と実践的な態度を育てることをねらいとしている。

　日常とっている食事を改めて見直し，食事の役割，栄養素，食品，調理などの基礎的事項を関連付けて学習することにより，生涯にわたって健康で安全な食生活を送るための基礎となる力を養い，日常生活の中で主体的に活用できるようにすることを意図している。

（1）食事には，成長促進や健康維持だけでなく，精神の充足という役割もあることを知り，日常の食事を大切にしようとする気持ちを育てる。また楽しく食事をするためのマナーや工夫を考え，実践できるように指導したい。
（2）「栄養を考えた食事」では，栄養素とその働きや食品の栄養的特徴を知り，バランスよく組み合わせて1食分の献立を考えることができるようにする。
（3）調理に関心をもち，調理の基礎的・基本的な知識と技能を身に付けるとともに，調理のよさや作る楽しさを実感し，日常生活で活用できるようにする。

C　快適な衣服と住まい
（1）　衣服の着用と手入れについて，次の事項を指導する。
　ア　衣服の働きが分かり，衣服に関心をもって日常着の快適な着方を工夫できること。
　イ　日常着の手入れが必要であることが分かり，ボタン付けや洗濯ができること。
（2）　快適な住まい方について，次の事項を指導する。
　ア　住まい方に関心をもって，整理・整頓（せいとん）や清掃の仕方が分かり工夫できること。
　イ　季節の変化に合わせた生活の大切さが分かり，快適な住まい方を工夫できること。
（3）生活に役立つ物の製作について，次の事項を指導する
　ア　布を用いて製作する物を考え，形などを工夫し，製作計画を立てること。
　イ　手縫いや，ミシンを用いた直線縫いにより目的に応じた縫い方を考えて製作し，活用できること。
　ウ　製作に必要な用具の安全な取扱いができること。

衣服の着用と手入れ，快適な住まい方，製作の学習を通して，身の回りの快適さへの関心を高め，その大切さに気付くとともに，衣服，住まい及び製作に関する基礎的・基本的な知識及び技能を身に付け，衣生活や住生活をよりよくしようと工夫する能力と実践的な態度を育てることをねらいとしている。

　衣服は身体に最も近い環境であり，住まいはそれをさらに外側から取り巻く環境である。このように，衣服と住まいは相互に関連しながら人間を取り巻く環境をつくっている。ここでは，人間を取り巻く環境を快適に整えることへの関心を高め，衣服と住まいを関連付けて学習できるようにしている。快適とは，健康によく清潔で気持ちがよいことである。

（1）気候，生活場面などの状況に応じた快適な着方を工夫したり，衣服の洗濯やボタン付けなどの手入れができるようにする。
（2）快適に過ごすために，身の回りのものを片付けたり清掃したりする。また暑さ・寒さに対処したり，通風や換気で空気の流れを調節したり，採光を取り入れるなど，自然をできるだけ生かし工夫できるようにする。
（3）布を用いて生活に役立つ物を工夫して製作することを通して，作る楽しさを実感し，日常生活で活用する態度を育てたい。

D　身近な消費生活と環境
（1）物や金銭の使い方と買物について，次の事項を指導する。
　ア　物や金銭の大切さに気付き，計画的な使い方を考えること。
　イ　身近な物の選び方，買い方を考え，適切に購入できること。
（2）環境に配慮した生活の工夫について，次の事項を指導する。
　ア　自分の生活と身近な環境とのかかわりに気付き，物の使い方などを工夫できること。

　身近な生活における消費と環境の学習を通して，物や金銭の使い方への関心を高め，環境に配慮することの大切さに気付くとともに，物の選択，購入及び活用に関する基礎的・基本的な知識及び技能を身に付け，身近な消費生活や環境をよりよくしようと工夫する能力と実践的な態度を育てることをねらいとしている。現代の消費生活が環境と深くかかわっていることから，消費生活と環

境に関する学習を統合して1つにまとめている。
 (1) 自分の消費生活を見つめ，限りある物や労働により得られる金銭の大切さに気付き，有効に活用することや，無駄なく適切に購入できるようにしたい。
 (2) 自分の生活が身近な環境に与える影響に気付き，物の使い方などにおいて主体的に生活を工夫できる消費者としての素地を育てたい。

参考文献
文部科学省『小学校学習指導要領』東京書籍，2008年
文部科学省『小学校学習指導要領解説　家庭編』東洋館出版，2008年

(大塚眞理子)

第2節　家庭科における学習指導

1　家庭科学習指導の考え方

　小学校家庭科では，まず子どもたちに，衣食住を中心とする身の回りの家庭生活に関心をもたせ，その営みのしくみや成り立ちを実践的・体験的な学習活動を通して実感をもって理解し，それをよりよく改善するためにどうすればよいかを考えさせることで，充実感や楽しさを味わえる学習を組み立てていきたいものである。

　家庭生活に関する基礎的・基本的な内容は繰り返し訓練したり反復練習したりすれば習得できると考えられがちである。しかし家庭科の学習時間が縮小した現状では，系統的な学習によって学習効果をあげられるよう，基礎的・基本的な内容の習得について考えてみる必要がある。なぜなら基礎的・基本的な内容は，学習場面や実生活の場で，課題を解決するために必要とされるからである。これは，「生きる力」を育むことにつながるものでもある。

　また，子どもたちの個に応じた学習の進め方に着目する必要がある。学習者である子どもは百人百様，意欲・関心・身に付けている学習方法・生活経験・生活背景など多様である。学習を進めていく上で，指導者は，これらの多様性をよく把握し，個に応じた手だてを講じ，子どもの可能性を引き出すことを大切にしたい。

　題材構成にあたっては，自分の成長を衣食住や家族の生活などの学習全体を貫く視点としてとらえるとともに，家庭生活と家族に関する内容，衣生活・食生活・住生活に関する内容，消費や環境に関する内容を大きな枠組みとしてとらえた上で，家庭生活を基盤としながら相互に関連をはかりたい。すなわち，家庭生活を総合的にとらえられるようにすることが大切である。我々の日常の

家庭生活は，いろいろな要素が総合的に関連して成り立っており，家庭生活を営むプロセスではそれらが相互に関連しあっているからである。しかし，逆に関連しあっている家庭生活の総体から，個々の要素を取り出して掘り下げて追究することもまた必要である。

2　家庭科で育てたい力

　家庭科は，簡単な料理が作れる，自分で洗濯や衣服の手入れができる，整理整頓やそうじの仕方がわかるなど，生活にすぐに役立つことが学べる実用的，実学的な教科ととらえられることが多い。ここで期待されている「生活にすぐ役立つ」実力を身に付けることは，実は，たやすいことではない。実生活は，状況に応じて常に変化するものであるから，生活に役立つためには「臨機応変な力」を求められることになる。そのためにはどのような力を，学びを通して育てればよいかについて考えてみたい。

(1) 家庭生活を認識する力

　まず，家庭生活への関心を高めるとともに，衣食住などの生活の営みの大切さに気付くことを大切にしたい。子どもたちは，無意識のうちに日常の家庭生活を営んでいるが，その意味合いに気づかず，無頓着になっていることが多い。普段見過ごしがちな生活事象を見つめ直したり，実際に体験したりすることにより，そのメカニズムやその価値に気づくようになる。四季の変化や風土に合わせた暮らしぶりなどを丁寧にたどることは，生活に対する感性を育むことにも通じるといえよう。伝統的な生活文化を大切に継承していこうとする態度だけでなく，新しい生活文化を創造できる基礎的・基本的な資質や能力を育てていくためには，その価値に触れ体得していくような学習体験が重要である。単に日々の生活を重ねるだけでなく，衣食住の生活の営みを慈しむ視点をもつ実践的・体験的な学びの中でこそ，生活文化を大切に継承しつつ，創意工夫しながら発展させる資質や能力が育まれるのである。すなわち，このような価値に

ふれる題材にどのように出会わせるか，どのような出会わせ方を学習の中に仕組んでおくのかを意図的に指導観としてもっておくことが必要なのである。

（2） 家庭生活をよりよく工夫改善しようとする意欲

学習を通して，生活の大切さや意味に気づいたとき，子どもたちの生活をよりよいものにしていこうと工夫する能力と実践的態度が導き出されていく。子どもたちは，一人で生活を営んでいるわけではないことにも気づかなくてはならない。そこには，かけがえのない生命の連続性をもつ家族があり，その家族とのかかわりの中で，家庭生活が営まれていること，その家庭生活をよりよくしていこうとすることが大切であることを具体の学習を通して認識していくのである。

（3） 課題解決力

実践的・体験的な活動を中心とした課題解決活動を通して，これからの時代を生きる子どもたちが生涯にわたって生活の営みを大切にしていくことができる基盤となる力を付けておきたい。特に，いわゆる「生きる力」を育てるためには，この課題解決力ぬきには語れない。

今まで家族に身の回りのことをしてもらってきたり，お手伝いしてきたことなどを振り返り，問題を発見し課題把握し，課題解決活動をすすめていく中で，自分一人でもできる家庭の仕事をひとつずつ増やし，家族の一員としての自覚をもてるようにしていくことが大切である。単に，課題解決のプロセスを知るだけでなく，その方法を，自分や家族の暮らしの改善のために生かしたいという意欲と，自分にもできるという自信や自己有能感をもつことができるような，成功体験を味わわせることが大切である。

（4） 課題解決のための表現手段としての技能・言語能力

生活事象から見つけた課題について課題解決活動をすすめていく中で，「このようにすればよいのではないか」「こんな方法も考えられるのではないか」

といった考えを具体的に，的確に表現し深めていくためには，技能や言語能力を高めることが大切である。学習経験によって豊富な語彙をもつことができたり，自分の考えや心情を端的に述べたり，豊かに表現できたりすることは互いに交流しあう中で，家庭科の学習の質を高め，自己の生活に対する見方や考え方を広げ，多様な価値観をもたらすことにつながる。このような表現力を深めるためには，言語能力を獲得させたり，生活技能を身に付けさせることが大切である。

（5）生活重視の価値観

　小学校段階は，家庭科学習の入り口である。この段階で子どもたちが家庭生活や家族とどのように出合うかが，その後の在り方を方向付けるであろう。特に小学校では，家庭生活や家族のことについて学んだり，実生活でかかわったりすることを肯定的に受け止めようとする態度を育てたい。種々の生活行為に関心をもったり，その意味を理解したりすることによって，少しでもよりよくしていきたいという前向きな姿勢をもてるようにしたい。このような学びの中から，生活にかかわることが楽しいから，大切にしたいと実感することになるのである。このような思いによって，生活を重視しなければならないという価値観を育てていくことが期待できる。

3　指導のアプローチとしての4つのレベル

　家庭科の学習指導の考え方を大きくわけて4つのレベルで示したい。

（1）小学校2年間を見通したカリキュラムの中で

　まず一つ目のレベルは，小学校家庭科として第5・6学年の2年間でどの時期にどのような力を付けたいかという構想を明確にして指導計画をたてる。次の中学校へどのようにつなげるかという校種レベルの視点も必要である。小学校では担任が指導する場合が多いが，それぞれ個々の担当者が2年間の指導計

画をたてるのではなく，その学校としての共通理解のもと家庭科の指導計画をたてる必要がある。その場合には，家庭科主任が学年の担任と連携をとりながら，指導計画をたてるとともに，指導題材や指導方法を十分に情報交換し，2年間の連続性のある指導を心がけたい。また，子どもの学習の軌跡を残しておくことで，子どもにとっても，学習の連続を意識させることになる。さらに，次年度の指導改善のための資料として活用することができる。

（2）学年ごとの指導計画の中で

次に，学年ごとの1年間の指導計画をたてていく学年レベルの視点である。家庭科は授業時数が5年生で60時間，6年生で55時間と，他教科に比べると時数の少ない教科である。時機を逃さず効果的に，実習や体験の学習を位置づけていく必要がある。そのためには，小学校学級担任制のよさを生かし，他教科や総合的な学習，学校行事などとの関連をはかりながら，指導計画をたて，カリキュラムマネジメントを行いたい。

（3）題材計画の中で

2年間の指導計画あるいは，当該の学年の指導計画が決まれば，話は題材レベルの視点にすすむ。家庭科の学習では，問題解決的な学習を重視することは既に述べている。一題材を構成するにあたって小題材の構成を①課題を見つけ解決の計画を立てる，②体験する・調べる，③生活の中で実践する，④実践を評価し改善点を明らかにするというように4段階で構成しながら，PDCAサイクルを繰り返すことを原則とすることが好ましい。どの題材においてもこのスタイルをとることで，自ずと思考の流れができあがっていく。また，新しい学習にであったときに，過去の学習経験を手がかりとし，既習の知識や技能を活用しようとする学習スタイルをもつことができるようになる。

（4）一時間の授業の中で

最後に授業レベルの指導観である。学習のめあてを明確にもたせることは，

どの教科の学習においても同じである。家庭科の学習は，子どもの実態として，個々の生活背景がちがうという意味では個々への配慮が必要であるが，反面，学校で共通の体験をもとに学習をすすめることもまた，重要である。また，家庭での生活経験が乏しい子どもほど，学習に消極的になりがちであることを十分にふまえ，学習内容の量や指導形態にも工夫を加えたり，確実に一人一人に実践的・体験的な活動の場を提供したりして，充実感が味わえる学習を心がけたい。一方，体験しさえすれば学習が成立するわけではなく，体験したことを認識に結びつけるための工夫が必要である。たとえば，授業の目当てを把握した体験を通じて，わかったこと考えたことを言語に置き換えることによって，定着がはかれる。体験するだけに終わるのではなく，学習の成果を交流したり，自分の生活をよりよくするための考えを交流したりするなど，言語活動の充実により家庭生活に関する認識を深めることが大切である。

4　家庭科における学習指導の方法

（1）生活経験が少ない子どもたちに家庭生活に対する興味をもたせるために

　都会に住む子どもたちの生活実態，農村部・漁村部・山間部に住む子どもの生活実態はさまざまではあるが，生活は簡便になり，家族の形態にかかわらず生活が個別化してきている。家族がそろって同じ食卓で同じ食事をとったり，手間暇かけて手に入れた旬の食材を調理したり，すぐに捨てるのはもったいないからと知恵を働かして何度も使う工夫をしたりすることを目の当たりにすることも少なくなった。また，子どもの仕事として，役割を担わったり，大人といっしょに行ったりしながら覚える機会も減っている。従来なら，学習の導入で，「それぞれの家庭ではどんな風にしているか」「おうちの人に聞いてみよう」と働きかけて情報収集したりして，調べ活動ができたが，それもできにくくなってきている現状である。むしろ，学校での学習の出会いによって，新しい知識や技能を獲得し，自分の家族に働きかけながら家庭生活をよりよくしていこうとする学習スタイルを取らざるを得なくなっている。

したがって，視点を定めて自分の生活を見つめ直す活動を位置づけ，そこから出発することが必要である。また，家庭ともよく連携して，学習をすすめていくことが子どもたちにとっても大きな学習成果をもたらすことになる。学級担任が指導するのであれば，なおさらその連携はいろいろな意味で功を奏することになるであろう。

（2）学習意欲を高めるために

　学習意欲をもたせるためには，学習の動機づけが必要である。学習すること自体が楽しく思える学習でなければ，長続きしない。知る喜び，物事が新しくわかる楽しさ，あるいは，自分が前進している実感や，自分が努力すれば何とかなりそうだという自信・自己有能感などが意欲をもたせることになる。

　生活体験や家庭の支援が得られにくい子どもには，なるべく身近なものに目を向け，日常よく見かける場面から好奇心をもたせるとよい。また，そうでない子どもには，先入観にとらわれない意外性のあるものや新たな問題を発見できそうな事象に出会わせるとよい。

　また，家庭科の学習を通して，主体的に課題解決的な学習を繰り返し経験することによって，学習意欲を高めることができる。

（3）主体的に課題を追究させるために

① 自己決定や選択の場を設定する

　自己決定とは，自分で課題や解決方法を選んだり，決めたりすることである。自分でものごとを決めて実行してみたいという気持ちは，やがて自分で決めたことについてある程度の成果がみられたときには必ず自己効力感に結びつく。

　たとえば，問題を発見し，課題を設定していくときに，共通の課題に基づく具体的課題を自分で決定することにより，知的好奇心がわいてくる。ここからもっと知りたいと思う気持ちは行動になってあらわれる。それが結果として問題を発見する力や情報を収集する力となる。特に，知的好奇心をもちにくい子どもには，自分で物事を決めたり，決めたことを成し遂げていったりする喜び

を十分に味わうことができる場を与えることが必要である。

② 目標設定のしかたや課題構造の把握のしかたを考える

　自分ができるようになったことや，何かをやり遂げたこと自体が喜びであるので，自己の高まりが感じられるような目標の設定が望ましい。このことは，自分が家族の一員であるという自覚や仕事を任される喜びを十分に味わうことにつながる。特に学習意欲をもちにくい子には，達成がしやすく，達成と同時に自己の高まりが味わえるような具体的な目標を繰り返し設定していくことが必要である。あわせて，課題の把握のさせ方については，まず，抽象的になりがちな課題も，具体的な教材を用意し，課題を目に見える形で提示したり，感動を引き出せるような形で提示したりすることが大切である。このような課題設定により，自己効力感を味わえるとともに課題をとらえる力を獲得できるようになっていく。

③ 成功や失敗の原因を明らかにする

　さらに，課題を追究していく過程において，「どこがうまくいったのか」「なぜ，うまくいったのか」という投げかけや「それでいい」「よくできている」といった励ましの言葉が，子どもたちの学習を進める力となる。成功したことによる喜びは，大きな効力感をもたらすが，ただ何となく成功したということだけでなく，何がよくて成功したのか，また次にもどのようなことが生かせそうかということが整理されれば，一層効力感は高まる。また，何度も成功や失敗を繰り返し，自分の活動を分析することに慣れていくことは，自分を客観的に見る目を養うことになる。生活経験が乏しかったり，成功体験が少なかったりする子どもにとっては，このような指導者の言葉かけの支援はとても大きい意味をもつ。

　また，言葉かけには効果的なタイミングがある。授業中，子どもは成功すると思わず感動のあまり他に伝えようとする。そこで，「うまくいったね。なぜうまくいったのかな。今度もまたうまくいきそうかな。」というように返せば，その言葉自体がさらに感動を呼び起こし，学習意欲をもたらすのである。学習カードや自己評価カードの感想にコメントをつけて返すのも同じ意味がある。

生活経験の乏しい子や家庭の支援が得られにくい子どもにとっては，身近でありながら，知らなかったことがわかっていく喜びが感動をよび，意欲を持続させるであろう。また生活経験の豊富な子どもや家庭の支援が期待できる子どもは，さらに複雑な課題に取り組み，それを乗り越えたときに大きな自信をもつことができ，認められることで，なおいっそう複雑な課題解決方法を考える力を伸ばすことになるであろう。

④ 活動に見通しをもたせる

「やってみたい」「自分にもできそうだ」という期待感をもたせるための手だてとして，具体のモデリングを行う。モデリングには①友だちの活動を見る，②教師の実演を見る，③ビデオによるデモンストレーション，④作品の例示などがあげられる。①の友だちによる活動を意図的に見せる場合には，クラス全体で数人の子どもの実演を観察したり，ペアリングによって特定の相手の活動に着目させたりする。②の教師の実演では子どもに気づかせたいことをはっきり意識させていくことや「これくらいならできそう」と思わせることが大切である。このような具体のモデル提示は活動に見通しをもたせるだけでなく，創意工夫したり，応用転移させたりする手がかりになることも多い。

すなわち，学習意欲を高めるための手だてを講じていることが直接学び方を獲得させていることに直結し，学び方を獲得させるために講じた手だてが学習意欲を高めるといった表裏一体の関係にあるともいえる。

（4）課題解決型学習を成立させるために

主体的な課題解決活動を生み出すことができる学習過程の構造について考えてみたい。その条件を整理すると次のようなことが考えられる。

① 具体的な目標があること

学習意欲や目標の自覚をもちにくい子どもには，問題意識が見えやすいような生活事象との出会わせ方が必要である。また，達成意欲が強い子どもには，何ができれば課題が達成されるのかといった具体の目標を設定することが効果的である。こうした問題発見から目標を具体化したり，課題を設定したりする

という学習を繰り返し経験することにより，主体的に問題を受け入れる態度や問題を発見したり疑問を整理分類する力のような学び方の入り口を習得することになる。

② 基礎・基本の獲得の場を保障すること

　基礎・基本は習得すること自体が目的ではなく，あくまでも，課題解決を可能にするために，必要であるから習得するのである。この段階の学習は，「どうしてもこれだけは，身に付けさせておきたい」「教えておきたい」という指導者の思い入れが強くなってしまいがちである。しかし，知識や技能の獲得だけが必要なのではなく，「どんな方法で解決できそうか」「そこからどんなことが応用できそうか」を見極めること自体を同時に学習しておくことが大切である。すなわち，基礎・基本の活用のしかたの学習が必要なのである。

　学習意欲をもちにくい子どもには，「これをやっておくことで，次はこんなことに生かせる」といった見通しをもたせて，自信をもって，「もっとできるようになりたい」「もっとやってみたい」という向上心につなげておくことが大切である。特に，家庭での生活経験が乏しく，家庭の仕事にあまり参画していない子どもには，ここでの手だては大変重要である。

③ 自分の思いを十分に発揮できる場を設定すること

　「自分でもできる」という自己効力感が高まってくると，次のステップに進み「より高度なことに挑戦してみたい」「もっと工夫してみたい」「自分らしさを表現したい」という欲求が増してくる。そもそも，導入の段階で設定された目標や把握された課題は，それを実現したり，その結果成功できるイメージを抱いていたはずであり，それを実現させるための学習活動の場を設定する必要がある。

　基礎・基本の習得のステップでつまずいた子どもは，そのときの原因をさぐり，同じ失敗をしないように工夫するであろう。基礎・基本を習得できた子どもは，もう一度成功させるために工夫し，その成功の原因を確認するであろう。このような経験をすることによって，自分の力で創意工夫し，計画し，総合する力，実行する力を身に付けていくことができるようになる。

④ 課題追究をまとめ，実践する場面があること

　課題を解決し，まとめる段階で，再び導入段階の課題を振り返り，「自分にとって，ここでの学習はどのような意味をもっていたのか，自分の思いは実現したのか，しなかったとすれば今後どのようにしていけばよいか」などを行うことが必要である。さらに，自分の課題解決活動が家族に受け入れられることを実感できる場を設けることができるなら，次への意欲を引き出すことになるであろう。

（5）言語活動の充実とノートや学習カードの活用

　題材を通して，課題解決活動を行っていく際，子どもの思考活動を促したり，次の活動へのステップとして，自分の言葉でまとめて，発表したり，ノートや学習カードを用いて書きまとめる活動を大切にしたい。

① 学習していることの意味づけを行う

　学習のめあてや課題を自分の言葉で書くことによって，何のために今このことを学習するのか，それをすることによってどのような意味があるのかを各自に考えさせることができる。また，自分で決めたり，自分の思いを表現したりできにくい子どもにとっては思考を円滑に導きながら見通しをもたせることが大切で，このような子どもにとって，自分で決めたことが自分の言葉で表現されることは，学習の主体が自分であることに改めて気付かせ自覚させることになる。

② 自己表現の可能性を広げる

　自分の思いや願いを表現させる場合に，学習カードの形式やスペースの取り方に配慮が必要である。子どもが表現したいことは，指導者が考えている以上に発想も多様で新鮮であることが多い。そのため，むやみに欄を形式的に設けるよりは，様式を指定せずに自由に絵や言葉を用いて表現してもよいことを伝えておくとよい。

③ 創意工夫の機会を与える

　自分の思いや願いは，はじめは漠然としたものであるが，書くことによって

整理される。さらに，書いたものを他者と交流することによって，他との違いに気づいたり，さらに自分が大切にしたいことが明確になったりする。自分らしさを大切にする課題解決活動をすすめるのであれば，学習カードを用いて思いを引き出したり，手直ししたり，足りないところを補いながら，創意工夫する楽しさを味わうことが可能になるのである。

④ 指導者や友だちのフィードバックのよりどころにする

どの子どもも自分なりの考えをもち，思いや願いをもっている。その内容について具体的に語ることができる子どもには，教師や友人がフィードバックしやすい。しかし，自分の考えや思いをうまく表出できずに悩んでいる子にとっては，授業中に自分の考えについてコメントをもらったり，考え直したりしてフィードバックすることが難しい。気付きの浅い子どもや指導者が理解しにくい発想をもつ子どもに対して，共に考えたり，アドバイスしあう中で，学習していることの意味を見出したり，課題解決活動の学習方法を初めて経験する子どもも多い。そのよりどころとしてノートや学習カードを活用するとよい。

（6）自己評価活動を学習の中に位置づける

学習のねらいを明確化することによって，学習の焦点が絞り込まれる。子ども自身もそのねらいに到達できたかどうかが見えやすい。まとめあてが明確であればあるほど，学習の成果を自分で見つめざるを得ない。このことは，子どもの学習意欲を喚起し，達成感を十分に味わわせるために非常に大切なことである。自己評価を3段階や5段階で評価させ，振り返りカードとして書かせる場合もあれば，場面を想定して，自分なら学び取ったことをどのように伝えるか，といったパフォーマンス評価の形をとる場合もある。いずれにしても，どこまでできればよいか，どのようにできればどういう評価になるのかを明示しておくとよい。自己評価活動を繰り返して続けていくことで，自己評価力が身に付いていく。このようにして，自分の学習成果だけでなく不十分だったことや，学習の方向を整理できるようになっていくのである。

5 より充実した指導のために

(1) 人権尊重の視点で配慮すべきこと

　家庭科では自分の家庭生活に根ざした部分と対峙しながら，学習をすすめていく。どんな学習集団でも生活背景は千差万別，百人百様である。しかし，学習の中で，いやな思いをしたり，悲しい思いをしたりするような学習であってはならない。常に，事前に十分子どもの生活背景や実態を調査するとともに，子どもの反応をみながら，最大の配慮をしていきたい。そして，さまざまな家庭生活を想像することにより，将来の家庭生活に夢や希望を抱けるように，指導を組み立ててほしい。また，いろいろな家族関係，家族形態があるであろうが，男女の固定的な性別役割分業意識にとらわれることなく，家族の一員としてお互いを尊重しあい，感謝しあう心をもってかかわりあうなど協力してよりよい家庭を築くことが大切であることを重ねて指導していくようにしたい。さらに，自分の成長には，家族のみならず，近隣の人々など多くの地域の人に支えてもらってきていることにも気付かせたい。具体の体験的な活動を通して，やがては，自分も地域の一員として，お年寄りや小さな子どもに対しても温かくかかわっていく態度を養っておきたい。

(2) 学校での学習を家庭での実践に結びつけるために

　学校での学習が実際の家庭生活の中で生かされることこそ，家庭科の学習ならではの財産である。おそらく，学校での体験が充実感のある楽しいものであるなら，「家でもやってみよう」「家族にも作ってあげたい」という気持ちになるものであろう。子どもたちがどのような学習をするのか，学校と家庭との連携を密にし，持ち物や，事前の下調べなど家庭の協力を得ることが望ましい。

　学校や地域の実態によって，事前の協力が得られにくい場合は，子どもたちの学習内容や，できるようになったことを伝え，家庭でも実践する機会を設けるよう連携協力を働きかけたい。「こんなことができるようになったのか」「今

度は子どもにまかせてみよう」と家族に認められたり，責任をもって任されたりすることが，意欲や自信につながる。できるだけ，継続してその仕事ができるように，働きかけを工夫することもまた必要である。このような個々の子どもたちの家庭での実践を，個人的な満足感に終わらせるのではなく，家庭実践の記録カードに記入させ，それをもとに交流したり，掲示したりするとよい。それぞれの家庭での実践に興味や関心をもち，刺激を与えられるであろう。参観や懇談会がある日に教室や廊下に掲示しておいて，他の保護者に見てもらうのも楽しい。まさに人と人を紡ぐ家庭科学習になっていくのではないだろうか。

(3) 他校種・他学年との連携

　小学校での学習で身に付けた基礎的・基本的な事項が確実に定着され，発展させられるよう，小学校と中学校との指導内容の体系化が図られている。裏返していえば，中学校・高等学校における学習の基礎となる資質や能力を育むための小学校における基礎的・基本的な事項とは何かを明確に意識して，指導にあたることが必要である。小学校では，学級担任が指導にあたることが多いため，すべての教科について小学校から中学校の義務教育9年間の教育内容を把握することは大変なことではあるが，常に関連内容を意識して指導することは，授業を興味深くし，学習者に満足を与え，学力の向上につながるとともに指導力を向上させる。学習内容の体系化のみならず，校種を超えて，カリキュラムを熟知しマネジメントすることにより，小学校から中学校へ校種を超えることによる子どものつまずきなども，中学校の指導者と連携し乗り越えたい。

(4) 地域の教育資源のよさを生かして

　家庭科の学習で，子どもの生活実態を十分にふまえることの重要性は，すでに述べてきたが，家庭科の学習を充実させるためには，さらに地域性を考慮することも必要である。地域によって，生活行為の形態や内容あるいは文化や伝統も大きく異なるものである。それぞれのよさがあり，生活文化として長年継承されてきているのである。現代では，地域差が縮小してきているが，その地

域には，どのような教育資源があるかを指導者は把握しておきたい。たとえば，食生活においては，地域の特産物や郷土料理などがあげられるが，気候・風土や伝統行事と関連することが多い。衣生活においても，その土地特有の織物や工芸品などがヒントになる。住居のつくりや住まい方は，各土地の気候にあわせて快適に暮らせるように工夫されていることもたくさん見つかるであろう。こういった教材研究のレベルは，さらにもっとミクロに地域を見た場合には，その地域で大切にされているものを直接子どもたちが見たり，触ったり，味わったりすることで身近に感じ，すでに生活に取り入れていることも考えられる。

地域の教育資源は，ものだけではない。そこに住まう人々が生活のお手本となっていることが多い。生活文化を子どもたちのために伝えたい，教えてあげたいという地域の方の力を借りてみよう。地域に伝わる伝統料理の作り方や針や糸をもつのが大好きな人もたくさんいる。昔の暮らしぶりを教えてくれるお年寄りもたくさんおられる。地域ぐるみの学校運営のあり方が問われている今だからこそ，大いに地域の人材を生かして学習を構成してみてはどうだろう。

また，地域の中学校や幼稚園・保育園とのつながりも大切にしよう。同じ地域で育つ子どもたちである。小さい頃から同じ生活範囲で育つということは，人の一生において大きな意味をもつ。学校の教師は，その地域にひととき身を置く「風」の人であるが，その地域の人は，そこで人を育て見守っていく「土」の人たちである。その土地の「土」に敬意をはらい，その土にまみれるつもりで，教師は子どもにいろいろな発見をさせ，生きる勇気や元気を与える熱意ある指導で「風」を吹き込むことが使命なのである。

参考文献
加地芳子『家庭科教育論』東信堂，1986年
加地芳子他「一貫性を考慮した家庭科カリキュラムの改善に関する研究　第1報～第3報」京都教育大学実践センター年報，京都教育大学，2000年
岸田蘭子「家庭科の学びの質をどうとらえるか」『家庭科教育』家政教育社，2005年
岸田蘭子「自ら生活にはたらきかける力を一人一人に育てる学習指導の工夫」文部科学省初等教育資料，2005年

第 2 章　家庭科の教育課程

　　岡陽子「家庭科における魅力ある教育計画の立案」文部科学省初等教育資料，2009年
　　岡陽子「家庭科における伝統・文化に関する教育の充実」文部科学省初等教育資料，
　　　2009年

（岸田蘭子）

第3節　家庭科における学習評価

1　学習評価の意義

　学習評価というと「通知表」とか「テスト」という言葉をイメージすることが多い。さらに，成績で「できる子」「できない子」とランク付けしてしまうことがある。その結果，一人ひとりの子どものよさを教師も，保護者も，子どもも見失ってしまうことがある。
　学習評価とは本来，子どもを理解するための活動であり，子どもの成長を望む教師から子どもへのメッセージである。また，子どもが学習目標をどの程度達成したかを確認し，その後の学習を促すきっかけとなるものである。
　学習評価には，教育委員会，文部科学省など教育行政の資料としての評価，学校の管理・運営の資料としての評価，教師による学習指導の結果の資料としての評価，子どもに学習結果の情報を与えるための評価，保護者に子どもの学習状況を知らせるための評価などがある。ここでは，日常の学習活動の中で重要となる教師における学習評価の意義と，子どもにおける学習評価の意義について考える。

（1）教師における学習評価の意義
　教師にとって学習評価とは，学習指導の結果，子どもがどの程度学習目標を達成できたかを確認するものであると同時に自分の指導が適切であったかを振り返るものである。学習指導の結果が期待通りでなかった場合には，子どもが学習しなかったことを責めるのではなく，自分の指導方法のどこに問題があったかを分析し，指導方法の改善を図る必要がある。教師には一人ひとりの子どもに家庭科の基礎・基本を身に付けさせ，学習目標を達成させて人間力の向上

を図る責任がある。学習目標を達成するために最適と考えられる指導計画を作成し（Plan），授業を実践し（Do），子どもの成長を確かめる（Check）。その結果，問題があれば手だてを講じ，次の指導方法を検討し，授業の改善に活かす（Action）というPDCAサイクルの中に評価を組み込むことが大切である。

　子どもにどのような力を付けようとしているのかという学習目標は教科によって異なっている。家庭科という教科の特性を考えると，覚えた知識の量や身に付けた技能の程度よりも「知識や技能を活用して自分の生活を見直し，改善しようとしているか」「生活を見直し，改善するためにどのように取り組んでいるか」などを積極的に評価したい。そのためには，知識・理解を問うテストや生活の技能に関する実技テストなどの結果だけで学習指導の結果を判断するのではなく，「家庭生活への関心・意欲・態度」「生活を創意工夫する能力」などが学習指導の前後でどのように変容したかという点に重点をおいて判断したい。

（2）子どもにおける学習評価の意義

　子どもは自分自身の思いをもって学習している。その結果に対して「これでよかったかどうか確かめたい」「先生や友だち，家族に認めてもらいたい」と願っている。子どもにとって学習評価は「やった！」「できた！」と学習する喜びを味わい，「もっとがんばろう！」と次の学習に対して学ぶ意欲を高め，自分自身を成長させるためのものである。

　特に，家庭科は生活を学習の対象とし，子どもの生き方に大きな影響を与える教科である。今日のように変化の激しい社会では，子どもが将来にわたって生活をよりよくしようとする意欲をもち続けることが大切である。そのためには，今どれだけの知識や技能を身に付けているかよりも，生活を改善する楽しさを味わい，困った時にはどのようにすればよいかを考えることのできる課題解決能力を身に付けさせたい。教師は子どもたちが家庭科の授業に楽しく意欲的に取り組めるように指導計画の作成と評価計画の作成を心がけることが大切である。

評価することによって学習意欲を喚起するためには，次のことに留意したい。
① 「学習目標が達成できたかどうか」を自己評価できるように，評価規準を具体的でわかりやすいものにする。
② 習得した知識や技能よりも，知識や技能を生活の中でどのように活用しようとしているかを評価する。
③ 学習への取り組みの状況やどのように創意工夫をしようとしているかを評価する。
④ 一人ひとりの長所を認め，学習によってその良さがどのように成長したかを評価する。

2 学習評価の方法

評価することにより指導方法の改善を図ったり，子どもの学習意欲を高めたりするためには，図2-3のように学習指導計画に評価計画を組み入れておくとよい。

(1) 学習評価の時期

学習評価といっても学習指導過程のどの時期に評価するかによってその目的は異なる。
① 診断的評価
　学習指導を効果的に進め，学習目標を達成させるためには，作成した学習指導計画が子どもの実態を反映したものであるかどうかを前もって診断しておく必要がある。そこで「学習する題材に対してどの程度興味・関心があるか」「生活経験があるか」「知識や技能をどの程度身

```
┌─────────────────────┐
│ 学習目標（評価目標）の設定 │
└──────────┬──────────┘
┌─────────────────────┐
│ 指導計画（評価計画）の作成 │
└──────────┬──────────┘
┌─────────────────────┐
│ 診断的評価              │
│   ・関心・意欲          │
│   ・生活経験            │
│   ・技能                │
│   ・知識・理解　等      │
└──────────┬──────────┘
┌─────────────────────┐
│ 学習目標（評価目標）の修正 │
│ 指導計画（評価計画）の修正 │
└──────────┬──────────┘
┌─────────────────────┐
│       学習活動          │
└──────────┬──────────┘
┌─────────────────────┐
│ 形成的評価              │
│   ・関心・意欲・態度    │
│   ・創意工夫する能力    │
│   ・生活の技能          │
│   ・知識・理解　等      │
└──────────┬──────────┘
┌──────────┐   ┌──────────┐
│  補充学習  │   │  深化学習  │
└──────────┘   └──────────┘
┌─────────────────────┐
│ 総括的評価              │
│   ・関心・意欲          │
│   ・生活態度            │
│   ・創意工夫する能力    │
│   ・生活の技能          │
│   ・知識・理解　等      │
└─────────────────────┘
```

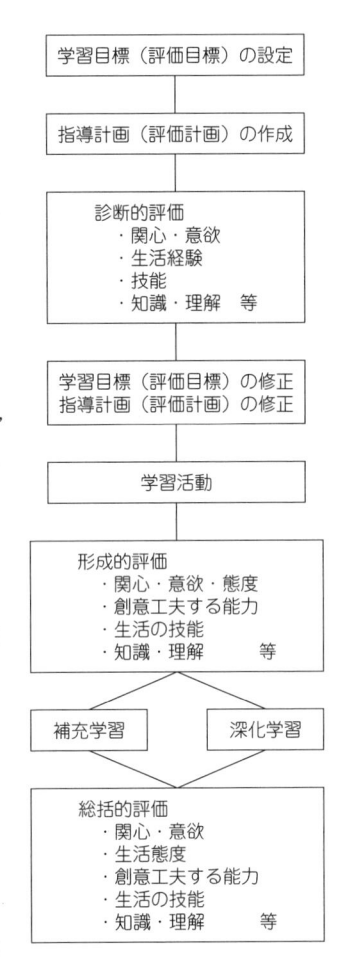

図2-3　評価計画を組み入れた学習指導計画

に付けているか」などを確める。

その結果，学習指導計画に問題があれば，計画を変更することが求められる。この段階の評価を診断的評価という。

② 形成的評価

学習指導の際には，学習目標の達成状況を確認しながら授業を進めることが大切である。そこで，学習指導の途中の適切な時期に学習目標の達成状況を評価する。この段階の評価を形成的評価という。

形成的評価の結果，目標の達成状況が不十分な子どもには適切な支援を行い，補充学習をさせる。目標が達成できていると判断される子どもにはさらに課題を与え，学習の深化を図る。

③ 総括的評価

学習指導が終了すると，「興味・関心はどの程度高まったか」，「生活態度はどのように変容したか」，「生活を創意・工夫し，課題を解決しようとしているか」，「知識や技能をどの程度身に付けたか」など学習目標の達成状況を評価する。この段階の評価を総括的評価という。

（2）学習評価の観点

学習評価は学習指導の目標（知識・理解，技能，思考・判断・表現，関心・意欲・態度等）に照らしてその実現状況を見るために行われるものである。適切な学習評価のためには信頼性と妥当性が求められる。信頼性，妥当性のある評価をするために，学習評価の観点を明確にし，適切な評価方法を選択する必要がある。

児童指導要録には「各教科の学習の記録」として「観点別学習状況」と「評定」を記録する。「観点別学習状況」では，学習指導の結果，「十分満足できる」と判断されるものをA，「おおむね満足できる」と判断されるものをB，「努力を要する」と判断されるものをCとして記入する。「評定」では，学習指導の結果，「十分満足できる」と判断されるものを3，「おおむね満足できる」と判断されるものを2，「努力を要する」と判断されるものを1として記入す

る。

　「観点別学習状況の評価」は児童指導要録に記入するためだけでなく，子どもの学習の確実な定着を図るためにも大切な評価の一つである。

　小学校家庭科の「観点別学習状況の評価」の観点は「家庭生活への関心・意欲・態度」「生活を創意工夫する能力」「生活の技能」「家庭生活についての知識・理解」である。

① 家庭生活への関心・意欲・態度

　教育基本法では，「教育を受ける者が自ら進んで学習に取り組む意欲を高めることを重視して行わなければならない」と示している。学習指導要領では，「主体的に学習に取り組む態度」を学力の3要素（1.基礎的・基本的な知識や技能，2.知識・技能を活用して課題を解決するために必要な思考力・判断力・表現力等，3.主体的に学習に取り組む態度）の1つとしてとらえ，重要視している。

　この観点は子どもたちが家族の生活や衣食住生活に関心をもって，その大切さに気付き，家族の一員として家庭生活をよりよくするために積極的に取り組もうとする意欲や，実践的態度を身に付けているかどうかを評価するものである。

　子どもが「どのように学習に取り組んだか」，学習することによって子どもが「どのように変容したか」，「生活態度に向上が見られたか」などを多面的，長期的に把握する必要がある。子どもの内面を数量的に測定し，客観的に評価することは簡単ではないが，できるだけ具体的な評価規準を設定することを心がけたい。

　具体的な評価方法としては，観察，チェック・リスト，評定尺度，作品，ノート，作文や感想文，ワークシートやレポートの作成，発表，自己評価表などが考えられる。これらを単独で活用するのではなく，題材や学習指導方法により適切な評価方法を組み合わせて活用する。授業中の挙手や発言の回数というような一面的な評価をすることがないようにくれぐれも注意したい。

② 生活を創意工夫する能力

第2章　家庭科の教育課程

　「思考・判断・表現」は各教科の知識・技能を活用して課題を解決するために必要な思考力・判断力・表現力を身に付けることができたかどうかを評価するものである。この「思考・判断・表現」を家庭科では「生活を創意工夫する能力」としている。

　この観点は生活を見直し，課題を見付け，生活の充実，向上，改善を図るために知識・技能を活用して「家庭生活をよりよくしようと自分なりに工夫しようとしているか」，また，「課題解決のためにどのように取り組んだか」など総合的な能力を評価するものである。家庭科の観点の中で最も重視したい観点である。

　具体的な評価方法としては，パフォーマンス評価（レポート，作品，発表会，ロールプレイなど），ペーパーテスト（問題場面テスト，論文体テストなど），ポートフォリオ評価などが考えられる。

　パフォーマンスとは課題を実行し，完成させることである。パフォーマンス評価は知識や技能を使って作品を作り上げる過程や完成した作品，口頭発表，実演などによって評価するものであり，生活を創意工夫する能力の評価方法の一つとして大切にしたい。

　ペーパーテストで生活を創意工夫する能力を評価するためには，問題の作成を工夫することが必要である。問題場面テストは授業では教えていない問題場面を提示し，文章や絵で解答を求めるものである。思考力や創造力などを評価するのに適しているが，問題を正確に読みとる力が必要であり，文章読解力で成績が左右されることがあるので注意したい。

　ポートフォリオとは本来「紙ばさみ」を意味していて，自分が考えたこと，実践したことなどをすべてファイルすることである。ポートフォリオ評価は生活の課題を解決するために取り組んだことを丹念にファイルし，子どもは教師と相談しながら，ファイルした情報を吟味する。それにより，子どもは自ら学習の成果を振り返ることができ，教師は子どもが「本当に理解しているか」，「課題を追及しているか」，「日常生活において実践しようとしているか」などを判断することができる。

③ 生活の技能

　この観点は，日常生活に必要な基礎的・基本的な技能を身に付けているかどうかを評価するものである。

　具体的な評価方法としては，作品（製作途中，完成時），ペーパーテスト，観察，チェック・リスト，評定尺度，実技テスト，自己評価，相互評価などが考えられる。完成した作品だけを評価するのではなく，学習過程における技能の習得状況なども含めて多面的に評価することが大切である。

④ 家庭生活についての知識・理解

　この観点は日常生活に必要な基礎的・基本的な知識を身に付けているか，家庭生活や家族の大切さを理解しているかなどを評価するものである。

　具体的な評価方法としては，ペーパーテスト（主に客観テスト），ノート，レポートなどが考えられる。

　客観テストには真偽法，多肢選択法，組み合わせ法，単純再生法，完成法，などいろいろな方法がある。それぞれの方法に特徴があり，問題を作成する上での留意点がある。問題作成にあたっては特徴を理解し，評価のねらいを吟味し，最もふさわしい方法を選ぶようにしたい。

　客観テストの特徴と作成上の留意点を表2-2に示しておく。

表2-2　客観テストの特徴と作成上の留意点

	特　徴	作成上の留意点
真偽法	・偶然による正解の危険がある	・正答と誤答を無秩序に配列する
多肢選択法	・判断力，理解の深さを評価できる	・選択肢の質，長さを同程度にする
組み合わせ法	・関係の理解や知識を評価できる	・両側の項目数を変える ・規則的に配列しない
単純再生法	・偶然の正解がない ・断片的な記憶重視になりやすい	・解答欄のスペースを正答の長短にかかわらず同程度にする。
完成法	・基本的知識の他，少し高度な理解力や判断力を評価できる ・前後の文脈から推察して空欄を埋める	・解答欄のスペースを正答の長短にかかわらず同程度にする。 ・むやみに空欄を増やさない

（3）学習評価の主体者
① 教　師
　教師は「自分の授業の進め方がよかったか」「子どもが目標を達成できたか」など授業の改善のためや子どもの学習状況を把握するために評価する。できる子ども，できない子どもというランク付けをするために評価するのではないことを心しておきたい。

　また，評価はテストをしたり，作品をチェックしたりすることだけではない。授業中に「よくできましたね」「こうすればもっと良くなりますよ」などと声をかけることも大切な評価の一つである。子どもの学習意欲が高まるような言葉かけを工夫したい。

② 子ども
　人間力の向上を図るためには，子どもによる自己評価，子ども同士による相互評価もこれまで以上に重視される必要がある。

（1）　自己評価

　子ども自らが学習状況を振り返り，目標の達成度を確かめることは生きる力の育成のためにはなくてはならない活動である。テストで何点をとったかを問題にするのではなく，「どこをどう間違えたのか」「なぜ間違えたのか」「自分の弱点はどこにあるのか」などについて，振り返る習慣を身に付けさせたい。

　子どもの中には，自分を厳しく評価しがちな子ども，自分を甘く評価しがちな子どもなど自分自身を適正に評価できない子どももいる。子どもをよく観察し，子どもの評価傾向を把握しておくことが大切である。さらに，教師自身の評価を子どもに伝え，対話をしながら，自己評価能力を高めるようにしたい。

（2）　相互評価

　子ども同士による相互評価も子どもの成長にとって大切な学習評価の一つである。相互評価をさせる時は友だちの長所を積極的に評価させる。相互評価がいじめにつながらないよう人間関係に配慮するとともに，「自分もがんばって友だちのようになりたい」という気持ちをはぐくみたい。

（4）評価結果の解釈

学習の結果，子どもがどのように変容したかについて，収集した資料を検討することを評価結果の解釈という。

① 絶対評価

評価結果を他人と比較するのではなく，子ども一人ひとりが学習目標をどの程度達成できたかをみとるものである。絶対評価では，教師が学習目標や評価規準をどのように設定するかによって，評価結果に差が出てくる場合がある。そのため，学習指導要領を熟読し，「基礎・基本とは何か」，「子どもに確実に身に付けさせたい能力とは何か」などを十分に検討し，評価規準を作成することが大切である。

生きる力の育成，個に応じた指導のためには最も重視される評価結果の解釈法であろう。

② 相対評価

成績を他人と比較し，所属する集団の中での位置づけを明らかにする評価である。自分が集団の中でどの程度の成績であるのかを判断することができるが，集団の質，大きさによって子どもの評価が変わってくることになる。

③ 個人内評価

子どもが学習によってどのように変容したかを時系列に評価するものである。個人の成長の度合いを評価することは，学習意欲を高めるためにも大切である。日常の学習指導の中で，一人ひとりの子どもをよく観察し，長所を積極的に評価したい。個人内評価は日常の授業における言葉がけ，テストや振り返りシート，ノートなどへのコメントなどとともに，児童指導要録や通知表の所見欄に活用することが望まれる。

3　学習評価の活かし方

評価した結果は学習評価の目的に照らして有効に活用にする。

（1）指導方法の改善に活かす

　学習目標の達成状況を確認し，題材の検討，指導計画の作成，指導方法の改善などに活用する。そのためには，評価結果が良かったかどうかだけを見るのではなく，「どこが良かったのか」「なぜ子どもが間違ったのか」など誤答分析をきちんと行い，自分の学習指導の結果を謙虚に受け止め，指導法の改善に活かすことが大切である。

（2）子どもの自己理解を深め，学ぶ意欲を高める

　子ども自ら，学習状況を確認することにより，以後の学習への動機づけ，学習方法の改善などに活用する。
　そのためには，子どもにわかりやすく具体的な評価規準を作成しておきたい。
　さらに，総括的評価だけでなく，診断的評価，形成的評価を適切に行い，子ども自身が自分の成長を確かめることができるように工夫することが大切である。

（3）保護者への通知に活用する

　学習目標の達成状況や子どもの能力，特性などを通知表や家庭連絡表などにより保護者に通知し，子ども理解を深めてもらうことに活用する。保護者に子ども理解を深めてもらうためには，総括的評価の結果を知らせるだけでなく，個人内評価を大切にし，学習を通してどのような成長が見られたかを伝えたい。

（4）児童指導要録の作成資料とする

　法的に義務付けられている児童指導要録の学習の記録欄の記入に活用する。
　近年，本人や保護者に児童指導要録を開示する動きが見られるようになった。そのことを踏まえると児童指導要録の記入に当たっては，これまで以上に客観的な記述と内容の信頼性を高める努力が必要である。
　教師は評価の専門的力量を高め，根拠をもって評価結果を児童や保護者に説明できるよう，日々の研修に努めたい。

参考文献

橋本重治『新・教育評価法総説上巻』金子書房，1980年
梶田叡一『教育評価──学びと育ちの確かめ』放送大学教育振興会，1995年
田中耕治編『よくわかる教育評価』ミネルヴァ書房，2009年
田中耕治『教育評価』岩波書店，2009年
教育開発研究所編『小学校・中学校「新指導要録」解説と記入』教育開発研究所，2010年

（田中洋子）

第4節　指導と評価の計画

1　指導計画の考え方

　家庭科の教育目標を達成するために，設定された時間内（第5学年60時間　第6学年55時間）で，教科の目標が子どもの力として確実に身に付くように計画しなければならない。

　そのためには，小学校家庭科で育てるべき力を明確にして，その達成に向けて学習内容を厳選し実践的・体験的な学習を取り入れつつ無理なく学習を進める必要がある。学習指導計画には，年間の指導計画をはじめ，学期・月・週・単位時間ごとの計画等がある。家庭科では，各学校や児童の実態に応じた弾力的な指導をしやすくするため，内容が2学年まとめて示されているので，まず2年間を見通した年間指導計画をたて，その上で学校行事とも関連させながら，学期・月など題材配列を工夫し，一貫性のある指導が展開できるようにする。

　さらに，第4学年までの学習を踏まえ2年間の学習の見通しを立てさせるため，ガイダンス的な内容を第5学年の最初に履修させる。これに続けて，衣食住や家族などの学習を通して自分が成長し続けている喜びを自覚できたり，ストーリー性のある指導計画を工夫したりすることによって，子どもが学習の積み重ねを実感でき，意欲をもって積極的に学習に取り組むことができることを重視したい。また，年間指導計画・題材構成を考える上で，欠かすことができない要素として次の6つが挙げられる。

「自己有能感」	自分の成長を喜ぶ　自分に自信をもつ 自分は役に立つ大切な存在であると感じる。
「基礎・基本の定着」	基礎・基本の洗い出し　わかる・できる充実感
「価値ある体験」	体験の中での気づき・発見

「問題解決型の学習」	体験を通した学び・習得 自ら課題を見つけ，解決を図る学習過程 思考力・判断力・表現力を育む学習の場の設定
「家庭との連携」	家庭と学校の双方向の学習　　家庭生活への活用
「言語活動の充実」	交流し学び合う場の設定

2　年間指導計画作成上の留意点

　指導計画の作成にあたっては，学習指導要領に基づき，これら家庭科の目標，内容の構成，内容の取扱いなどについて理解を深め，育てる力を明確にした上で，題材の構成や配列をする必要がある。
　さらに，中学校技術・家庭科への学習のつながりを意識し，5年間を見通した学習を展開するには，「時間軸（自分の成長）」「空間軸（自分・家族・地域・社会へのひろがり）」の視点をもち，地域や学校，児童の実態に応じて効果的な指導が行えるように留意することも必要である。
　年間指導計画の作成に当たっては，次の事項に配慮したい。
（1）題材の構成にあたっては，児童の実態を的確にとらえるとともに，内容相互の関連を図り，指導の効果を高めるようにする。4つの内容項目「A　家庭生活と家族」「B　日常の食事と調理の基礎」「C　快適な衣服とすまい」「D　身近な消費生活と環境」は，指導の順序やそれぞれの内容を別々に指導することを示しているのではないので，相互に関連させるなど工夫して，目指す資質や能力を育成できる題材を構成する。
（2）「A　家庭生活と家族」の（1）のアについては，4学年までの学習を踏まえ2学年間の学習の見通しを立てさせるために，第5学年の最初に履修させるとともに，［A　家庭生活と家族］から「D　身近な消費生活と環境」までの学習と関連させるようにする。
（3）「B　日常の食事と調理の基礎」の（3）及び「C　快適な衣服と住まい」の（3）については，学習の効果を高めるため，2学年にわたって取

り扱い，平易なものから段階的に学習できるように計画する。
(4) 道徳の時間などとの関連を考慮しながら，家庭科の特質に応じて適切な指導をする。家庭科の年間指導計画の作成に際して，道徳教育の全体計画との関連，指導の内容及び時期に配慮し，相互に効果を高め合うようにすることも大切である。

3　2年間の題材計画

表2-3は，2年間の題材計画の例である。四季の変化や学校の年間行事計画にも配慮して立てられていることがわかる。さらに，いくつかのねらいが盛り込まれているので，それを分析的に見てみたい。

表2-3　2年間の指導計画例

	5年生			6年生	
1学期	家族っていいね（ガイダンス）	6	1学期	早寝・早起きしっかり朝ごはん	10
	身の回りの整理・整とん	2		涼しくすごそう夏のくらし	7
	めざせ！ゆでゆで名人	6		・衣服の働き，手入れ，洗濯	
	簡単・便利手ぬいの技	8		・夏のくらし	
夏休み	夏休みチャレンジ ・整理・整とんビフォーアフター ・手ぬいで製作	1	夏休み	夏休みチャレンジ ・衣服の手入れ，洗濯 ・涼しい住まい方	1
2学期	ミシンぬいにチャレンジ	10	2学期	つくろうくらしに役立つもの	10
	ぴかぴかご飯とあったかみそ汁	9		まかせてね！一食分の食事	8
	クリーン大作戦（1）	3		あったかわが家のくらし（1）	5
冬休み	できるようになったよ。こんなこと ・わが家のクリーン大作戦 ・冬ポカ食べもの ・ご飯とみそ汁	1	冬休み	できるようになったよ。こんなこと ・わが家のあったか大作戦 ・冬ポカ食べもの	1
3学期	クリーン大作戦（2）	6	3学期	あったかわが家のくらし（2）	6
	環境にやさしいかしこい消費者	7		広げようふれあいの輪	6
春	できるようになったこと	1	春	二年間を振り返って	1

第4節　指導と評価の計画

表2-4　2年間を見通して段階的に調理技能を高める配列

題材名	技　能	実　習
めざせ！　ゆでゆで名人 （5年1学期）	ゆでる・切る 火の取扱い 衛生	ゆでたまご ゆで野菜のサラダ
ぴかぴかご飯とあったか みそ汁 （5年2学期）	ごはんを炊く みそ汁を作る 大きさをそろえて切る	ごはん みそ汁
早寝・早起き しっかり朝ごはん （6年1学期）	炒める 目的にあわせて切る	野菜を炒める たまごを炒める
まかせてね 一食分の食事 （6年2学期）	ゆでて炒める （二品の調理）	お弁当作り ワンプレート料理 （主菜・副菜）

(1) 2年間を見通して技能を高める配列

　児童の家庭生活の在り方，家族構成，生活経験の有無などにより，身に付いている知識や技能はもとより，児童の家庭生活に関する興味・関心，学習意欲，学習態度も大きく異なる。基礎的・基本的な知識及び技能の定着を図り，学習を無理なく効果的に進めるために，2年間の指導計画の中で，「基礎的なものから応用的なものへ」「簡単なものから難しいものへ」「要素的なものから複合的なものへ」というように，次第に発展するように段階的な題材の配列が不可欠である。表2-4は，2年間の題材計画（表2-3）から調理技能に関する内容を抜き出したものである。表2-4を見ると，調理技能を高めるために，4題材にわたって2年間で，段階を追って技能を育てようとしていることがわかる。

(2) スパイラルに技能を高める配列

　反復が必要な技能については，授業で習得するだけでなく，身に付けた知識及び技能を実際の家庭生活に活用したり，後に続く授業の中で，習得した技能を応用・発展させて総合的に用いる学習活動を組んだりして，児童自身がスパイラルな高まりを自覚できるように年間計画を工夫することも大切である。表

第2章　家庭科の教育課程

表2-5　スパイラルに「快適な衣服と住まい」の技能を高める配列

題材名	技能	学習内容
身の回りの整理・整とん （5年1学期）	整理・整とん 不用品の活用	机の整理・整とん ごみを減らす工夫
簡単・便利手ぬいの技 （5年1学期）	針に糸を通す 玉どめ・玉結び ボタンつけ・なみぬい 裁ほう道具の使い方 まち針の止め方	フェルトを使った小物 ネームプレート トイレットペーパーホルダー
夏休みチャレンジ	整理・整とんビフォーアフター 手ぬいで製作	自分の部屋の整理・整とん 簡単・便利グッズ
ミシンぬいにチャレンジ （5年2学期）	ミシンの取扱い ミシンぬいのしかた 三つ折りぬい アイロンの使い方	ランチョンマット クッション カフェエプロン
クリーン大作戦（1） 教室・学校をきれいにしよう（5年2学期）	身の回りの汚れ調べ 汚れの種類 清掃用具の使い方 洗剤の使い方	材質や汚れに応じた掃除（教室・トイレ・手洗い等）
冬休みチャレンジ わが家のクリーン大作戦 家族にプレゼント	環境にやさしい掃除 道具の工夫 手作りプレゼント	年末大掃除 まごころクリスマスプレゼント（弁当包み・マイ箸袋）
クリーン大作戦（2） わが家のビフォーアフター （5年3学期）	わが家のビフォーアフター発表会	工夫してよごれを落とす
涼しくすごそう夏のくらし （6年1学期）	衣服のはたらき 衣服の手入れ・洗濯 さわやかな夏のくらし方	布地によるちがい 給水比較・汚れの落ち方比較 洗剤の節約・省エネ 水や電気の使い方
夏休みチャレンジ 夏を涼しく	衣服の手入れ・洗濯 通風・換気 涼しい住まい方	エコな夏 自然を生かした住まい方
つくろうくらしに役立つもの （6年2学期）	生活に役立つ布製品 製作の計画 材料の選び方 目的に合った縫い方（半返しぬい等）	エコバック エプロン ティッシュボックスカバー
あったかわが家冬のくらし （6年2学期）	寒い季節の住まい方 衣服の着方	日光の利用・採光 通風・換気 暖房器具の使い方 暖かな着方
冬休みチャレンジ	わが家のあったか大作戦	エコ暖房 温まる食べ物・飲み物
あったかわが家冬のくらし （6年3学期）	わが家のあったか大作戦発表会	冬ポカ作戦 温かな着方 温かな食べ方 温かな過ごし方

2-5は，2年間の題材計画から「快適な衣服と住まい」に関する技能を定着させるための学習を抜き出して示したものである。
① 「身の回りの整理・整とん」の学習に加えて，「簡単・便利手ぬいの技」で学習した手ぬいの技能を活用して，夏休み中に「整理・整とんビフォーアフター」という家庭実践の課題を組んでいる。
② 5年1学期の「手ぬい」を発展させて，夏休みに「簡単・便利グッズ」を製作，2学期に「ミシンぬいにチャレンジ」でのミシンぬい技能を活用して，「冬休みチャレンジ」でプレゼントを手作りする。さらに6年2学期の「つくろうくらしに役立つもの」で習得した技能を活用した作品作りをすることで技能の定着を図っている。
③ 衣服のはたらき，衣服の手入れ，洗たくを学習し，夏休みの自分の生活に活かすことで技能の確実な定着を図ろうとしている。
④ 寒い季節のすまい方を学習してから，冬休みをむかえることで，自分の家庭生活であたたかいすまい方を考え，さらにエコを意識した生活（暖房など）を実践する機会とする。

　と以上見てきたように，機会をとらえては，繰り返し学ぶ場を設定するが，単なる繰り返しではなく，新たな学習内容を加味しながら，さらなる技能の定着・向上を試みようとした2年間の指導計画であることが表2-5からわかる。

4　指導と評価の一体化

（1）指導計画と評価計画の一体化

　指導と評価は，表裏一体のものである。評価は，指導計画を作成した教師の側からは，作成した指導計画にそって学習をすすめた結果，児童にどのような力が付いたのか，題材構成の中で意図した生活のスキルを児童に身に付けさせることができたのか，児童にとって実践的で効率的な学びになっていたのか，児童のつまずきを考え設定したスモールステップは有効であったのかなど，教師自身の指導のあり方を振り返る資料となるものである。

また，子どもにとっての評価は，題材の設定や構成が，興味・関心を高め学習に期待感をもって取り組める内容であったか，自分の思いや願いをもとに，学習をはじめることができ，意欲的に知識や技能の習得に取り組み，主体的な学びができたか，基礎・基本の技能は身に付いたのか，どこにつまずき，さらに繰り返し学習することが必要なのか，学習後に満足感や達成感をもつことができたか，自信をもって家庭への実践に向かうことができたかなど，子どもの学びのあしあとをしっかり看取るためのものである。

 したがって，教師は，指導のねらいを明確にした指導計画を作成すると同時に評価規準を明確にした評価計画も作成しなければならない。

 年間指導計画にそって，それぞれの題材ごとに4つの観点「家庭生活への関心・意欲・態度」「生活を創意工夫する能力」「生活の技能」「家庭生活についての知識・理解」に基づき，児童が学習目標を達成しているかどうかを判断する必要がある。

 題材ごとに，どの活動場面で，どのような評価方法を使って評価するのか，具体的な評価項目や評価内容を明確にした評価規準表を作成するようにしたい。

 1時間の授業でのねらいに限りがあると同様に1時間の授業で評価できる項目にも限りがある。毎時間の児童の学習を4つの観点でみとることは困難である。年間全体を通した評価計画，または題材全体の評価計画にそって，各時の指導目標を絞り込んで設定することによって，各時の授業での評価も絞り込むことができ，的確な評価を行うことができる。

 表2-6の①②③は，指導計画に対応して作成された評価計画の例である（表③は，表②から見やすいように，学習活動と評価規準等を抜き出したしたものである）。毎時間の指導のねらいが，どの程度達成されているかを見るために，どのような観点から何を評価するか，評価のねらいを予め計画したものである。

表2-6① 指導計画に対応した評価計画（「衣服の着用と手入れ」全5時間）

時	小題材名	観点ごとの評価規準〔評価の方法〕			
		関心・意欲・態度	創意工夫	技　能	知識・理解
1	○衣服の働きや快適な着方を考えよう。	・衣服の働きや着用に関心をもっている。〔発表・観察〕			・快適な着方や手入れの必要性を理解する。〔ワークシート〕
2・3	○洗濯（手洗い）の方法を調べて，実習計画を立てよう。		・環境に配慮した洗濯を考えている。〔ワークシート〕	・手順を考えて手洗いの計画を立てている。〔ワークシート〕	・手洗いの正しい手順や要点がわかる。〔ワークシート〕
4	○くつ下を手洗いしよう。（洗濯実習）	・積極的に洗濯に取り組んでいる。〔観察〕		・汚れに合った洗い方ができる。〔観察〕	
5	○家庭で実践しよう。	・家庭で家族のためにも洗濯しようとしている。〔発表〕	・手洗いのよさを生かして計画している。〔ワークシート〕		

（2）指導過程での指導と評価の一体化

　指導過程で，学習へ取り組んでいる状況を，評価計画に基づいたタイミングと評価方法に従って評価する。それをもとに，評価規準に対して「おおむね満足である」かどうかを評価する。その結果が「C：努力を要する」と評価された者に対しては，補充の指導を行って，「B：おおむね満足」な状態に到達させることが必要である。もちろん，「C：努力を要する」と予測される子どもに対して，指導の課程においてBに到達できるように予め手立てを打つことは，前提となる。

　また，「A：十分満足」である者に対しては，学習意欲を満足させ，さらなる学力の向上をねらって，発展的な指導を行うことも配慮しておきたい。

（3）評価の総括と指導の一体化

　題材・学期・学年など，ひとまとまりの評価を総括し，その結果に基づいて指導計画や指導方法の改善を行う。

第2章 家庭科の教育課程

表2-6② 指導計画と評価計画の一体化の例（料理ってたのしいね！おいしいね！）（全10時間））

次	学習活動（時間数）	指導のねらい（○）と支援（・）	評価の観点 関	評価の観点 創	評価の観点 技	評価の観点 知	評価規準（・）関連する指導要領の内容（評価方法）
第1次	一日の食事を調べよう（2） ・1日の食事内容をふり返り、いただいたことを話し合う。(1)	○1日の食事をふり返り、食生活への興味関心をもつ。 ・自分の食事についてふり返ることができるワークシートを用意する。 ・児童の実態に応じた配慮をする。	①				・食品の栄養的な特徴や食品の組み合わせに関心をもっている。 B（1）ア（ワークシート1）
	・食べたものの材料や調理方法について考える。(1)	・食べたものの材料や調理法がわかる。次時への学習につなげる。				①	・日常家庭でよく使う材料やその調理方法がわかる。 B（1）ア（ワークシートNo.1）
第2次	簡単な調理をしよう（6） ・野菜や卵を使った料理について調べる。(1)	○日常、家庭でよく使う卵や野菜の調理法を知る。	②				・日常、家庭でよく使う材料やその調理方法を調べようとする。 B（1）ア（ワークシート2）
	・調理実習の進め方のビデオをみて調理に必要な用具について調べる。(1) ・ゆで卵を作る。(1)	○調理実習の進め方や用具の扱い方を理解する。 ・安全で衛生的な調理を徹底する。 ・調理に必要な用具や食器、コンロの安全で衛生的な取扱いができる。			①		・調理に必要な用具および食器とコンロの安全で衛生的な取扱いが分かる。 B（3）イ（映像視聴後の感想） ・調理に必要な用具や食器及びコンロの安全で衛生的な取扱いができる。 B（3）オ（観察）
		○材料や目的に応じたゆで方や炒め方の特性を知る。 ・水からゆでる場合と湯からゆでる場合の違いを知らせる。 ・加熱調理して食べることの良さに気付くようにする。				③	・材料や目的に応じたゆで方や炒め方が分かる。 B（3）ウ（ワークシートNo.3、テスト）
	・実習計画を立てる。(1)	○実習全体を見通して調理計画を立てる。		①		④	・調理計画を考えたり自分なりに工夫したりしている。 B（3）ア（話し合い、ワークシートNo.4） ・調理計画に必要な材料の分量が分かり、手順を考えた調理の立て方を理解している。 B（3）ア（ワークシートNo.4）
		○手際よく調理が進むように手順や役割分担の計画をしっかり立てるように助言する。					

64

第4節　指導と評価の計画

・野菜サラダを作ろう。(2)	○包丁を使って調理に合った切り方ができる。		・包丁の扱い方に気を付けて、調理に合った材料の切り方ができる。B (3) イ（ワークシートNo.4、観察）調理に合った材料の切り方を考えて工夫している。B (3) イ（写真）
	・調理方法や包丁の扱い方など材料の切り方に合った準備をするために、絵カードや掲示資料を用意する。一人ひとりが責任をもって調理に取り入れる。相互評価も調理方法に取り入れる。	②	
	○ゆでる調理方法の特徴を理解し、実際に調理できる。	②	・材料や目的に応じたゆで方が分かり、実際にゆでることができる。B (3) ウ（ワークシートNo.4、観察）盛り付けや配膳を考え、楽しく食事する工夫をしている。B (1) イ（ワークシートNo.4、写真）
	○盛り付けを考える。	③	
第3次 なぜ食べるのか考えよう (2) いろいろな食べ物を食べよう	○食品の体内での主な働きが分かり、食べることの大切さを理解する。		・食品は体内で主に三つの働きがあるよう、栄養的に調和がとれるよう、食品を組み合わせることの必要性が分かる。B (2) ア（ワークシートNo.5、No.6、テスト）・実習を生かして家庭でも調理しようとしている。A (2) ア（ワークシートNo.7）
	・食品の三つの働きを示す資料を用意する。・給食の献立から、色々な食品が組み合わされていることを確かめる。	③	
	○家族や友達と一緒に食事をすることを楽しさに気付き、食生活を工夫しようとする。・児童の実態に応じた配膳、共通体験として給食や弁当の楽しさを考えるようにする。・学習後、自分たちで調理したり食事の仕方を工夫したりしていることを報告し合うようにする。		

出拠：神戸市小学校教育研究会家庭部における三海幸子教諭の授業資料の一部を変更して作成。

第2章　家庭科の教育課程

表2-6③　指導計画と評価計画（「簡単な調理」全10時間）（表②からの抜粋）

次	時	○学習活動	・評価規準（評価の観点）〔評価方法〕
第1次	1	一日の食事を調べよう　2時間 ○1日の食事内容を調べ，気付いたことを話し合う。	・食品の栄養的な特徴や食品の組み合わせに関心をもっている。（関心・意欲・態度）〔ワークシート〕
	2	○食べたものの材料や調理方法について考える。	・日常，家庭でよく使う材料やその調理方法がわかる。（知識・理解）〔ワークシート〕
第2次	3	簡単な調理をしよう　6時間 ○野菜や卵を使った料理について調べる。	・日常，家庭でよく使う材料やその調理方法を調べようとする。（関心・意欲・態度）〔ワークシート〕
	4	○調理実習の進め方や調理に必要な用具について調べる。	・調理に必要な用具や食器およびコンロの安全で衛生的な取扱いが分かる。（知識・理解）〔観察〕
	5	○ゆで卵を作る。 ・加熱時間を考えて，好みのゆで卵を作る。	・調理に必要な用具や食器およびコンロの安全で衛生的な取扱いができる。（技能）〔観察〕 ・材料や目的に応じたゆで方が分かる。（知識・理解）〔ワークシート，テスト〕
	6	○実習計画を立てる。 ・実習全体を見通して，手順や役割分担の計画を立てる。	・手順を考えた工夫して調理計画を立てている。（創意工夫）〔話し合い，ワークシート〕 ・手順を考えた調理計画の立て方がわかる。〔ワークシート〕
	7・8	○野菜サラダを作る。 ・包丁を使って野菜を切ったり，ゆでたりする。	・調理に合った材料の切り方を考えて工夫している。（創意工夫）〔ワークシート〕 ・調理に合った材料の切り方やゆで調理ができる。（技能）〔観察〕
第3次	9	なぜ食べるのか考えよう　2時間 ○食品の体内での働きを知り，いろいろな食べ物を食べる必要性を話し合う。	・食品の体内での働きや，食品を組み合わせてとることの必要性を理解する。（知識・理解）〔ワークシート，テスト〕
	10	○家族や友達と食事をする楽しさについて話し合い，これからの食生活に生かせることを考える。	・実習を生かして，家庭でも調理しようとしている。（関心・意欲・態度）（創意工夫）〔ワークシート〕

（南　佳子）

5　学習指導案の作成

　授業を行うに当たり，教師は学習目標を明確にし，それを達成するための教材や指導方法を考える必要がある。1単位時間（小学校では45分）の授業展開を示した計画案を学習指導案という。研究授業のためなどに詳しく書いたものを細案，簡略に書いたものを略案という。学習指導案の形式は一定ではなく，記述する順序や書き方は多少異なるが，一般的な学習指導案は表2-7のようなものである。題材（単元）と本時について，以下のような項目にそって記述する。

1．指導日時　指導場所　　授業を実施する日にち，時間，場所（教室名など）
2．指導学級　　　　　　　学年　クラス　（児童数）など
3．題材名（単元名）
・他教科では通常，学習内容のひとまとまりを「単元」というが，家庭科では「(大)題材」ということが多い。
・題材名で学習の大要を示し，学習内容がより伝わるような副題をつけるとよい。
4．題材の目標
・この題材（単元）で達成したい学習目標を簡潔な箇条書きにする。
・4つの学習評価の観点（①関心・意欲・態度　②創意工夫　③技能　④知識・理解）を含むような目標を設定することが望ましい。
・学習者を主語に記述する（～できる，～理解するなど）。
5．指導計画
・どういう手順で指導していくか，題材（単元）全体の指導計画を示す。
・学習内容のまとまりで区分して（第〇次），学習概要と各配当時間を示す。
・なるべく各授業時間（第〇時）の学習内容を示すことが望ましい。
・実習など2時間続きの時はまとめて表記（第〇・〇時）してよい。
・"本時"はどの時間なのか明示する。
6．題材について
・題材名の次（目標の前）に記述することもよくある。
・教材観・児童観・指導観をまとめて書く場合と分けて書く場合がある。

第2章 家庭科の教育課程

〈教材観〉 題材の価値や学習のねらい
・この題材を取り上げる社会的な背景，題材設定の理由
・題材を学習する意義，子どもに付けたい力
(教科書や，学習指導要領解説家庭編を参考にするとよい)

〈児童観〉 児童の実態について
・児童たちの日常の様子，この題材に関係する興味・関心，生活体験など
・この学習に入る前までの知識や技能の程度など
・予想される不安やつまずきなど

〈指導観〉 具体的な指導の手立て
・指導方針，指導方法（どのように指導するのか），指導の工夫，教具の活用など
・つまずきに対してどのように指導するか，配慮すべき事項

7．本時の学習指導
(1) 本時の題材名
(2) 本時の目標
　この時間で児童が達成すべき目標を1～2項目くらいにしぼって，箇条書きにする。評価の4観点を示す。
(3) 本時の展開（指導過程）
この時間の指導の手立てと学習の過程を，時間の流れに沿って，具体的に記述する。

区分 時間	学習活動 ＊学習者の立場で書く	指導上の留意点 ＊指導者の立場で書く	評　価
導入 〇分	・前時の復習 ・学習確認	・目標確認	
展開 〇分	本時の学習課題 ・学習者の活動 （展開Ⅰ，Ⅱ，としてもよい） ・予測される反応，応答 ＊記入例： （～について）発表する 　　　　　　話し合う	・具体的な発問や指導法 ・指導上，注意すること ＊記入例： （～について）説明する 　　　　　　考えさせる	＊本時の目標を確認する箇所はどこか（観点） 〔評価の方法〕 ↑ 数箇所で示す
まとめ 〇分	・本時の学習の振り返り	・宿題 ・次回の予告	

8．その他
・板書計画，配布資料，座席図など。

第4節　指導と評価の計画

表2-7　学習指導案例

〇年家庭科学習指導案

実習生〔指導者〕　〇〇　〇〇㊞

1. 指導日時　指導場所　平成　　年　　月　　日（　）　第　　校時　〇〇教室
2. 指導学級　　　年　　組　（計　　名）
3. 題材名　「　　　　　　　」―　（副題）　―
4. 単元の目標
   (1)　　　　　　　　　　　　　　　（関心・意欲・態度）
   (2)　　　　　　　　　　　　　　　（創意工夫）
   (3)　　　　　　　　　　　　　　　（技能）
   (4)　　　　　　　　　　　　　　　（知識・理解）
5. 指導計画　（全〇時間）
   第1次　　　　　　　　〇時間
     第1時
   第2次　　　　　　　　〇時間
     第1時
     第2時　　　　　　　　　　　　　　・・・本時
     第3・4時
6. 題材について
   「教材観」「児童観」「指導観」
7. 本時の学習
   (1) 本時の題材名
   (2) 本時の目標
   (3) 本時の展開

区分	学習活動	指導上の留意点・支援 〇発問	評価
導入			
展開			
まとめ			

8. その他　　板書計画（別紙）、授業で使うワークシートや資料を添付する。

（大塚眞理子）

6　授業観察と評価

（1）授業観察の目的

授業を観察する目的には，下記に示すように種々の立場がある。
① 観察した授業を研究の対象として取り上げ，授業の改善を研究するために行われる。
② 教員が，自らの授業力を向上するために，ベテラン教員の授業から学ぶ。
③ 教育実習生の授業力向上を目的として，指導教員などが観察する。
④ 教員養成のために，学生同士による模擬授業を行い指導する。

上記のように，授業者と観察者の立場によって，授業観察の目的は多様である。しかし，授業を見る目的が異なっても，授業を観察し評価する視点は，基本的には大差ないと考えてよい。

また，以下に示す「授業を観察する視点」は，他者の授業を観察・評価するだけでなく，自分自身の授業を事前あるいは事後に点検してみる視点として活用することもできる。

（2）授業を観察する視点

1 授業の構造・構成を中心に
① 本時の目標が明確であり，目標達成に向けて教師と児童が授業を共同で作りあげていたか。
② 本時の学習のねらいが，児童にも確認されていたか。
③ 授業の流れ（指導計画の立て方）が児童の思考の流れに沿うものになっていたか。
④ 教師から一方的に説明するだけではなく，児童が発言・発表したり，活動したりする場面が準備されていたか。
⑤ 児童に考えさせるゆとりや時間がとられていたか。
⑥ 児童が考えを整理したり，まとめたりするためのプリントなどが適切に準備されていたか（学習状況を評価する資料として活用もできる）。

⑦ 教材・教具の内容と提示の仕方・タイミングが適切であったか。
⑧ 目標の達成において「C努力を要する」状況が予想される児童への手立てが準備されていたか。
⑨ 目標を達成し「A十分満足」の状況にある児童に対して，発展的学習が準備されていたか。

② 教師から児童への働きかけ・指導技術を中心に
① 教師の説明は，筋が通り，要点をつかめたか。
② 教師の言葉づかい，用語などはわかりやすかったか。
③ 教師が話す声の抑揚・大きさ・速さ・間の取り方などが適切であったか。
④ 授業の中核をなす発問の内容が，よく練られて適切であったか。
⑤ 発問の意図が児童にわかりやすく，児童が応えやすかったか。
⑥ 発問に答えた児童への対応が適切であったか。
⑦ 教師の立ち位置が，適切であったか。
⑧ 板書は見やすく・正確で，授業の流れがわかりやすくなっていたか。
⑨ 教材・教具の利用で，授業がわかりやすくなったか。
⑩ 児童への働きかけが，暖かく・公平に行われていたか。
⑪ 児童の活動に対する指示が適切に行われていたか。

③ 学習環境の整備を中心に
① 学習効果を上げるように教材・教具が工夫されていたか。
② 設備や備品の数が児童数に対して十分であり，整備されていたか。
③ 教室や家庭科室の掲示や図書は，学習の意欲を高めたり，サポートしたりするように整えられていたか。
④ 掲示などによって，家庭での実践や自由研究などへの意欲を高めさせる工夫が行われていたか。

以上のように，多角的な視点から授業の観察を繰り返しながら，自分の授業作りや授業改善に生かすことを心がけよう。

（加地芳子）

第2章　家庭科の教育課程

研究課題

① 家庭科学習で育てたい力はどのような力か，それを習得させるためにはどのような指導が大切であるか，考えてみよう。
② 家庭科の4つの学習内容A・B・C・Dそれぞれについて，学習評価の観点ごとの評価規準を考えよう。
③ 教科書の題材の配列について，分析的に考察してみよう。
④ 観察した授業について，70～71頁で示されている授業観察の視点から，評価してみよう。

第3章　小学校家庭科の授業づくり

　本章では，具体的な家庭科の授業作りについて述べる。
第1節では，平成20年改訂の学習指導要領を踏まえた家庭科授業作りの着眼点である13のポイントを解説する。第2～7節では，家庭科の内容を6つに分けて，それぞれ今日的課題と学習のねらい，および13のポイントを取り入れた授業例を示す。またそれぞれ指導に必要な教材研究も記載している。

第1節　家庭科授業づくりの工夫

1　成長の自覚を促すガイダンス的な内容

　今回の指導要領の改訂では，A（1）「自分の成長と家族」でガイダンス的な内容が指導事項として位置付けられた。ガイダンス的なことは以前も5年生で学習の最初に行われていたが，簡単な学習内容の紹介で終わっていた。ガイダンス的な内容が重視されたねらいは，家庭科を学ぶ意義について子どもたちに考えさせる必要があるからである。家庭科の学習はともすると，調理実習や，被服製作など物を作ることや，体験学習が目的になってしまっていることがある。家庭科のさまざまな学習や体験活動を通して，何を学ぶのか，何を考えるのかが見失われがちであった。ここでは，2学年間の学習の見通しや，家庭科学習への意欲をもたせることに配慮し，各内容における基礎的・基本的な事項を明確にして題材構成の工夫をし，ストーリー性のある指導計画を立てて指導することが大切である。
　ここでのガイダンスには2つねらいがある。第1は2年間の学習の見通しを立てさせ学習を進めることである。たとえば5年生の最初に2年間で学習する内容にふれ，4年生までの他教科の学習との関連や，これまで成長してきた自分，家族に保護されてきた家庭生活を振り返るなどの学習が考えられる。第2は自分の成長を実感することである。2年間を見通して学期や学年の区切りなどの適切な時期に，「成長した自分」を確認する活動を入れるなど題材を工夫する。2年間の学習の中で「できるようになったこと」「わかったこと」をワークシートに記録していくことで，自分の成長がわかり，学習の成果を振り返ることができる。継続していくことの大切さに気付き，見通しをもって次の学習に意欲的に取り組むことができるようにする。

また，指導者にとってガイダンス的な内容を充実させることにより，2年間で育てたい児童の姿を明確にして，児童の学習の状況を確認しながら効果的に学習を進めることができる。　　　　　　　　（第2節　授業例①参照）

2　食育の推進をねらった指導

　小学校学習指導要領「総則」において学校における食育の推進に果たす家庭科・体育・特別活動の役割が明記されたことで，教科に位置付けて食育を進める新しい段階を迎えた。子どもたちの食に関する自己管理能力を高めるために，食育に果たす家庭科の役割が重視されるようになった。
　小学校・中学校・高等学校と発達段階に応じた食に関する指導を行ってきた家庭科の学習をもとにして，食育の計画を作成することにより，学校全体の食育が発達段階に応じたものになり，中学校・高等学校の食育に効果的につなげられる。食育は家庭科だけで行うものでなく，学校給食や他教科との関連をはかり，学校教育活動全体で一貫した取り組みを推進することになっている。しかし家庭科の食に関する指導を中核として，家庭科担当者が中心となって実践していくことが大切である。また，食の問題は家庭生活全体の問題でもあり，社会の問題でもあるので，家庭や地域との連携を図りながら健康で安全な食生活を実践するための基礎が培われるように配慮する必要がある。
　家庭科における食に関する指導については，①〜⑤の観点をもって，総合的に指導することが大切である。
① 日常の食事を見つめなおし，健康を保ち，成長していくためには，栄養のバランスがとれた食事を楽しくとることが大切であること。
② 日常の簡単な調理ができるよう基礎的な知識と技能を身に付け，調理によっておいしく食べることができるようになるなど，調理の良さに気付くこと。
③ 食品の品質及び安全性等に関する基礎的な知識を身に付けること。
④ 調理が生活に役立つことに気付き，作る楽しさや食べる喜びを味わうこ

とができるようにする。
⑤ 料理や調理してくれた人への感謝の気持ちや，地域が育んできた食文化に対する理解や伝承の大切さに気付くこと。

(第3節　授業例③，第7節　授業例②参照)

3　自然と風土を意識した指導

　衣服は身体に最も近いところの環境で，住まいはそれらを外側から取り巻く環境であることから，衣服と住まいは相互に関連しながら環境を作っている。ここでは，身の回りの環境を快適に整えることへの関心を高め，その大切さに気づくことを目指して，衣生活と住生活の内容を統合して学習できるようにしている。

　たとえば，日常着の着方やその手入れの仕方を考えたり，布を用いた生活に役立つ物の製作ができる能力を身に付けたり，住まいの清掃や，季節に合わせた住まい方を工夫するなどの活動を取り入れた，「冬のくらし方」や「夏を涼しく過ごそう」など衣生活と住生活を統合した題材構成を作成し，総合的に身の回りの環境を整える工夫を考えることをねらいとしている。

　我が国には豊かな四季があり季節を楽しむ生活がある。南北に長い我が国では，それぞれの地域によって気候風土が異なり北と南ではその生活ぶりも大きな違いがある。そのことに気付き，郷土の良さを知ることも大切である。

　児童が関心をもって学習に取り組むことができるためには，身近な地域で大切に引き継がれてきた暮らしぶりに目を向けさせ，自然をできるだけ生かして住まうことの大切さがわかるようにする。児童が暮らす地域の気候風土や，豊かな生活習慣を指導に取り入れることは，よりよい生活環境を考えさせるよい教材となるので，工夫して指導することが望ましい。

　また，省エネを考える視点からも冷暖房器にたよる生活を見直す機会となるようにし，健康の点からも日光や風通しを考えた自然を生かした住まい方を考え，その良さを理解させることが大切である。

快適な生活環境づくりを狭い視点で考えるのではなく，児童に生活環境への関心と，自分でもできるという自信をもたせる活動を考える。家庭科で学習した知識や技能を生かし，他教科で学習したことや，自分で調べた地域の生活習慣などを総合的に考えて，発表会を開くなどして自分の生活に生かすような活動を取り入れるようにする。　　　　　　　　　　（第5節　授業例①参照）

4　消費者教育の推進を図った指導

　子どもたちに小さい頃から消費者教育をうける機会を保障するために，小学校家庭科の果たす役割は大きい。ここでは，自分の生活が身近な環境に与える影響に気付き，生活を主体的に工夫できる消費者としての素地を育てることをねらいとしている。自分にとって望ましい価値判断ができるようにするため，A～Dの内容と関連づけて学習し，常に自立した消費者としての視点で学習活動を展開することが大切である。

　今回の改訂で「D　身近な消費生活と環境」が1つの内容として独立したのには，消費者教育・環境教育の充実が喫緊の課題として上げられ，これからの子どもたちには「環境に配慮しつつ，主体的に判断して行動できる消費者」となるための大切な学習となるからである。また技術・家庭科家庭分野への関連をはかりやすく，長期目標を立てて学習が発展できるようになったので，小学校の学習が基礎となり，指導の効果が上げられるように，中学校との連携を図ることが大切である。

　指導にあたっては，児童の消費体験が地域や家庭環境などによって異なるので，充分に児童の消費実態を把握する必要がある。

　金銭については，家族の生活を支える限りある大切なものであることから，計画的な使い方が必要であることに気付き，具体的には自分に任された小遣いなどの使い方を考えさせるなどの活動がある。物については生活の中で使う身の回りの物に注目させ，どのようにすれば物を長く大切に使うことができるか，その方法を考えさせたり，学校の実習で使う材料や，用具の購入について検討

するなど，金銭の計画的な使い方を考えることができるようにする。

　指導者は，常に消費者教育の視点をもって指導にあたることが大切である。家庭科の学習の中では，自分に最も適切な物や方法を選択する場面，「消費者としての判断する場面」が多くでてくる。そうした場面をうまく取り上げ，選択の理由を意見交換させ，多くの考え方の中から自分なりの価値観を作っていく場となるように指導することが大切である。

　指導については，学習で扱う用具や実習材料などの身近な物を取り上げ，物の選び方や買い方を考えさせることなど衣食住などの具体的な学習と関連させて実践的に学習させる。具体的には，身の回りの不要な物調べで自分が物を大切にしていないことに気付かせる活動，調理実習の材料を購入する場面で，食品の鮮度・価格・量・産地等などから考えて食品を選択させる活動，「手作りの食事がいいか，外食がいいか」などのテーマでディベートをするなどの活動が考えられる。　　　　　　　　　　　　　　（第7節　授業例1参照）

5　環境への配慮をした指導

　ここでは，物の活用などに関する学習を通して，自分の生活と身近な環境とのかかわりに関心をもち，環境に配慮した生活を工夫するための基礎的・基本的な知識や技能を身に付ける。また，近隣の人々とともに地域で快適に生活していくために，家庭生活のさまざまな場面で物の使い方などを考えて実践しょうとする態度を育てることをねらいとしている。自分の生活が身近な環境に与える影響を知り，身近な物の活用の仕方を工夫することで，環境へ配慮した生活を送れるように，課題を発見したり問題の解決の方法を考えたりする活動が考えられる。

　環境についての学習は，小学校では，理科，社会科や総合的な学習の時間など，多くの教科で取り上げ学習することになっている。それぞれの教科の特質を生かし学習内容を整理し，重複をさけて効果的に学習できるようにする必要がある。家庭科で扱う内容は，身近な衣食住の生活に目を向け，具体的な生活

の中での環境問題を中心とする。たとえば，調理実習での，野菜や食器の洗い方の学習や，洗濯の実習での生活排水や節水の問題などに関心をもたせ，家庭での水の使い方などの工夫を考える活動が考えられる。この学習が河川の水質問題などに発展する場合は，理科の内容となるだろう。また，家庭から出される多くのごみの問題や分別の仕方などは家庭科で，地域で行われるごみの収集と処理の方法などは社会科でと，住み分けをはっきりさせたり，学習の時期や内容を関連させたりする工夫が必要である。家庭科で広範囲にわたる環境問題を取り扱うことは適切ではない。また，環境に関する知識だけを教え込むことも適切ではない。家庭生活と環境とのかかわりについて主体的に考え判断できるように指導する。

指導にあたっては，「A　家庭生活と家族」との関連をはかり，家族や地域の人々が人とのかかわりを大切にし，生活環境に配慮した生活の仕方を考える活動や「B　日常の食事と調理の基礎」では，調理で生じたごみや汚れた食器の後始末の仕方を考えさせ，適切な処理ができるようにする。「C　快適な衣服とすまい」では，洗濯や掃除の仕方で，環境への配慮を考えた活動や，暑さや寒さをしのぐ省エネルギーを考慮した暮らし方を工夫するなどが考えられる。

(第3節　授業例1，第4節　授業例1，第5節　授業例1，第6節　授業例1，
第7節　授業例2　参照)

6　基礎学力の定着と活用力を高める指導

中教審答申では，学力の要素として①～③が示された。
① 基礎的・基本的な知識や技能の習得。
② 知識・技能を活用して課題を解決するために必要な，思考力・判断力・表現力の育成。
③ 学習意欲をもつ。

今回の改訂では，習得・活用・探求が学習活動で重視されている。まず，知識・技能の確実な習得を目指し，習得した知識・技能を活用して問題解決を進

めたり，探求的に学習したりして思考力・判断力・表現力などを育むことを目指している。

家庭科における基礎学力の定着とは，学習指導要領に示された内容を確実に定着させるため指導を工夫することで，次のようなことが考えられる。

（1）実践的・体験的な活動の工夫

家庭科では，衣食住などに関する実践的・体験的な活動を通して実感を伴って理解するよう学習を展開することが大切である。家庭科での実践的・体験的な活動とは，実習・実験・観察・調べ学習・話し合い活動・発表などの活動で，効果的に多く取り上げ指導する。

> 例 「調理実習でのペア学習」
> 　調理実習で知識や技能を確実に身に付けるために，相互の学び合いや技術の定着の確認などペア学習で効果的に行う。

（2）問題解決的な学習の充実

問題解決的な学習が充実して行われることが，児童の学習意欲を高め，達成感や満足感を得ることにつながる。下の①～④の活動を通して生活をよりよくしょうとする実践的な態度を育むことができる。
① 生活を見つめ自分の課題を見つける。（課題）
② 問題解決への見通しをもつ。（計画）
③ 実際にやってみる。（実践）
④ 過程や結果の評価からさらなる課題をもつ。（評価・改善）

> 例 「有効な時間の使い方を考えよう」
> 　自分の生活時間を見直し，就寝時刻が遅くなっていないか，家族に協力する時間が持てているかなど課題を見つけ，どうすれば効果的な時間の使い方ができるかなど考える。家族と共に過ごす時間を生み出す工夫を実践して，感想を報告する。

（3）学びを実践につなげる，活用力を高める工夫

　児童が身に付けた知識や技能は他の学習に活用できることが求められている。活用することで知識・技能はより確実なものとなって身に付く。さらに，学んだことが他の学習や，家庭で活用したり応用したりすることで新たな学習意欲を生むことにつながる。

> 例　「年の暮れを気持ちよく　クリーン大作戦」
> 　自分でできる大掃除の計画を立て，汚れの種類や程度に応じた清掃の仕方を考え，家族に協力して大掃除を行う。1月には報告会を開く。

　身に付けた知識・技能を生かし家庭での実践の計画を立てさせ，子どもが家族に協力できる場を増やすことで，知識・技能の定着が期待できる。また，家庭との連絡を密にし，親との協力のもと学習したことが，家庭での実践につながるように工夫する。「学習のまとめ」や「ワークシート」の書き方を工夫して児童の意欲を高め，効果を上げることができる。

（4）家庭との連携を図る

　家庭科で学習する知識や技能は，繰り返して学習したり，日常生活で活用したりすることによって身に付くものである。学習したことを継続的な学習とするために家庭の協力が不可欠であるので，日頃から「家庭科だより」や「学級通信」などで，学習の状況を知らせ，家庭との連携を図ることが大切である。

　また，子どもたちが家庭で実践したことが，「トライカード」や「発表会」などで，報告しやすいようにし，みんなの活動のはげみとなるよう工夫する。

> 例　「家族に今日学習したことを教えてあげよう」
> 　学習のまとめや感想の書き方を工夫し，学習したことを家族に報告したり，感想を聞いたりする活動を通して，家庭での復習や実践につなげ，家庭生活に生かせることに気付かせ，次の学習意欲を高めるようにする。

（第3節　授業例①②参照）

7　他教科との関連を図った指導

　家庭科は，家庭生活を中心とした日常生活を学習の対象とし，実践的・体験的な学習活動を通して生活をよりよくしょうとする実践的な態度を育てることを目標としており，他の教科と関連することも多い。家庭科では，他教科で学習した知識や技能を活用しながら，学習が展開されることがあり，他教科の応用・発展の場となることがある。たとえば，高学年で学習する家庭科にはすでに学習したことの活用の場となることが多くある。3年生の算数で学習した計量の基礎は，5年生の調理実習で計量カップや計量スプーンを使うことで生活の中で嵩(かさ)や重さを実感することができる学習となる。3年生で学んだ一日の太陽の動きが，季節による部屋の暖かさ，涼しさに関係していることなど気づき，理科で学習したことが生活に生かされていることを確認し，確かな学力として定着すると思われる。家庭科の時間は，他教科の力を生かす活用・探求の場となるのである。

　指導者は，以前に学習した内容を実物や実習を通して実感させることを意識して指導を行うことが大切である。そのことが，児童の学習が生活において生きて働く力まで高められるのである。

　家庭科の「D　身近な消費生活と環境」の内容は，社会科や理科，総合的な学習の時間との関連が深い。家庭科の指導計画を立てる時には，他教科の学習状況，指導計画，教材等に充分配慮する必要がある。家庭科では，生活の中の身近なことを取り上げ，基礎的・基本的な内容で学習するので，広範囲の内容にならないよう注意する。

例　「わたしのごみ問題を調べよう」
家庭科と社会科の同じ課題での視点の違い。
○家庭科では，生活する側「私的な領域」から出発して，地域にくらす多くの人々の生活課題を扱い，それを変えていく力を育てる。
○社会科では，広い視野に立って，「公的な領域」から社会のあり方や理念，制度

> などの社会的事象を学び，社会の一員としての自覚や社会に発言し行動していく力を育てる。

(第2節　授業例②参照)

8　言語活動の充実を意識した指導

　言語活動の充実はすべての教科指導で重要なことである。家庭科では，国語科において培われた言語によって教科のねらいを定着させるようにしているが，国語の時間だけでは言語活動の充実は充分とはいえない。家庭科で用いる生活に関連の深い言葉が児童自身の中で，生きた言葉となるよう配慮することが求められている。言語活動の充実は，実践的・体験的な活動や，問題解決的な学習の質を高めることとなり，特に思考力・判断力・表現力を育むための言語活動が重視されている。

　家庭科における言語活動の充実には次のようなことが考えられる。
① 児童の心情を言語で表現させる場の設定
　製作や調理などにおける体験を通して，生活の中のさまざまな言葉を実感を伴って理解する活動や，観察や実習のレポートの作成や考察したことを発表するなどの活動。これらの言語活動で，体験の質をたかめることができる。
② 衣食住の生活に使われるさまざまな言葉を実践的・体験的な活動を通して実感を伴って具体的に理解させる。

　家庭科では「団らん」「健康」「栄養」「湯を注ぐ」「かさ」「塩加減」「布を裁つ」「快適さ」「ほころび」「みみ」「はたく」など，生活に関係の深いさまざまな言葉を用いる。子ども達の中には，授業で使うこのような言葉を知らないことが多い。これらの言葉にふれ，製作や調理などの実習を行ったり目的をもって学習対象を観察したり，触れたり，味わったりすることなどの実践的・体験的な活動を通して，生活の中で生きる言葉を豊かにするよう工夫する。また，教師自身が家庭科の授業で使う言葉を正確に用いることなどが大切である。

③ 課題を解決するために言語や図表を用いて生活をよりよくしょうとする方法を考えたり，説明したりする。

実験のデータやグラフ資料などを組み合わせて「読みとる」活動や「考察する」活動。わかったことを自分の言葉で「発表する」などの活動を通して，思考力・判断力・表現力を育成することができる。

④ 意志伝達機能としての言語

人と人とのコミュニケーションを図る言語に視点をあてて，活動を充実させることが大切である。家族との触れ合い，団らんや，地域の人々との協力など，日本人として感性・情緒の形成にも関連する。　　　（第2節　授業例②参照）

9　伝統・文化を重視した指導

中央教育審会答申において，国際社会で活躍する日本人の育成を図る上で，我が国や郷土の伝統や文化を受け止め，その良さを継承・発展させるための教育を充実する必要があることが示され，家庭科の関連事項として「衣食住にわたって伝統的な生活文化に親しみ，その継承と発展を図る観点から，その学習活動の充実が求められる」（答申，2008年1月17日）と明記されている。学習指導要領には小学校では「米飯やみそ汁がわが国の伝統的な日常食であることにも触れること」，中学校では「地域の伝統的な行事食や郷土料理，和服の着装など」，高校では「衣食住に関する歴史や文化」の学習へと発展していくように示されている。小学校では明記された「米飯とみそ汁」だけでなく，家庭科の学び全体を通してその文化的価値に触れることにより，生活文化の継承と発展を図る資質や能力を育むことを目指す。

① 「米飯とみそ汁」の学習

「米飯とみそ汁」は小学校家庭科で唯一題材指定されたものであり，日本人の食生活から切り離すことのできない食品と献立である。

みそは，大豆の加工食品で，調味料として古くから親しまれ，それぞれの地方で特徴のあるみそが生産されているので，その特徴や，郷土食など学習でき

る。

　出汁は，地方独特のものがあり，かつおや煮干しでとるだけでなく地域でよく使われるもので調理実習を通して体験的に理解できるようにする。また，食育と関連させて，「いただきます」「ごちそうさま」などの食事の時の挨拶や，食への感謝の気持ち，日本の伝統的な食事の作法なども指導する。

② 日本の四季を感じる生活文化

　日本は南北に長い国であり，四季の移ろいに合わせて創られた生活文化がある。子どもたちが生活する地域の四季を大切にする生活文化を知り，自分の生活に生かすことを学べるように２年間を通して題材構成することができる。

　郷土の野菜を取り上げた，ゆで野菜のサラダやおひたしを調理したり，郷土に伝わる正月料理などを，小学生にもできる内容で，地域の食文化を扱うようにする。

　衣生活については，布製品の良さに気づく活動において，時代を経ても生活に息づく郷土の織物があることにふれ，郷土の織物の良さや，地域の人々によって保護され発展してきたことを感じとるようにする。

　住生活では，季節の変化に合わせた住まい方の工夫を調べたり，昔ながらの掃除の方法を調べたり。四季を生活の中で楽しむ暮らしぶりに気付いたりして，郷土への愛着を高めるよう工夫する。（第３節　授業例②，第５節　授業例①参照）

10　家庭科と道徳教育との関連

　学習指導要領第１章総則において学校における道徳教育は道徳の時間はもとより教育活動全体を通して行うものであると示されている。これを受けて，家庭科の指導においても，その特質に応じて，道徳について適切に指導する必要がある。

（１）道徳の時間と家庭科の内容との関連を図る

　家庭科で取り上げる題材や学習活動の中には道徳教育との関連するものも多

くある。特に「A　家族と家庭生活」の内容では，道徳の2-(5)「日々の生活が人々の支え合いや助け合いで成り立っていることに感謝し，それにこたえる。」4-(5)「父母，祖父母を敬愛し，家族の幸せを求めて，進んで役に立つことをする」などの内容と関連をはかり指導することができる。

　たとえば，道徳の時間に「家族愛」について学習した後で，家庭科の時間では，「感謝の気持ちを表そう」の題材を取り上げる。家庭生活の中で自分のできることを考え，家族のために具体的に感謝の気持ちを表す製作や調理などの実践を行うことで，家族を大切にする心情をより一層育むことができる。この時，児童の家庭環境や，個別に支援を必要とする児童に対しては，充分配慮することが大切である。

　また，家庭科で郷土の生活文化や，地域の食材や料理を調べる学習と関連させ，道徳で4-(7)「郷土や我が国の文化と伝統を大切にし，先人の努力を知り，郷土や国を愛する心をもつ」の学習をすると郷土の良さがより具体的に実感できる。

　また，3-(2)「自然の偉大さを知り，自然環境を大切にする」では，家庭科の時間全体を通して，児童に環境問題を考えさせる指導を行うことができる。各学校で作成される道徳教育の全体計画と，家庭科の年間指導計画を関連させ，効果的な時期に学習させることが大切である。

(2) 学習活動の中で

　家庭科の学習活動には，グループでの話し合いや，家族や地域の人にインタビューをする，ディベートや自分の意見の発表など，道徳の授業の学習活動とよく似た形態を取ることが多い。このような活動の中で，友達の意見を聞きながら，児童は考え自分の価値観を形成していくので，こうした活動を多く取り入れたい。

(3) 家庭や地域のとの連携

　家庭科は自分や家族がより良い生活をするにはどうすればいいかを考える教

科なので，道徳的な価値判断をする場面が多い。家庭や地域と連携を図ることで，自分の生活が家族や地域に支えられて成り立っていることに気付いたり，児童の活動が家庭や地域で評価されることにより，さらなる学習意欲につながっていくことになる。 (第2節　授業例②参照)

11　総合的な学習の時間との関連

　総合的な学習の時間の目標は，「横断的・総合的な学習や探求的な学習を通して，自ら課題を見つけ，自ら学び，自ら考え，主体的に判断し，よりよく問題を解決する資質や能力を育成するとともに，学び方やものの考え方を身に付け，問題の解決や探求活動に主体的，創造的，協同的に取り組む態度を育て，自己の生き方を考えることができるようにする」である。また，内容は日常生活や社会とのかかわりを重視して，各学校・学年で決められるものである。一方，各教科は学習指導要領で，教科の目標と内容が示されている。そのところが教科と総合的な学習の時間との違いである。家庭生活が総合的なものであるため，以前は，家庭科の学習と総合的な学習の時間で行う活動とが混同されることがあった。家庭科の学習は，限られた時間で，年間指導計画に基づき，基礎的・基本的な知識や技能を定着することが必要であるので，この違いを明確にして，家庭科の内容を広くとらえすぎないように注意することが大切である。

（1）家庭科の学習の発展型として総合的な学習の時間を位置付ける例

① 家庭科で身に付けた裁縫や調理の技術を，総合的な学習の時間の製作に生かし，発展した作品を作る。
② 総合的な学習の時間のテーマ「郷土の良さを調べよう」では，家庭科で学習した住まい方の工夫・地域の食材・織物・工芸品などを足がかりに，さらに発展して調べ，学習に深まりをもつことができる。
③ 総合的な学習の時間のテーマ「下水の汚れを調べよう」では，家庭科で学習した洗濯・洗剤の使い方・食器の洗い方・家庭排水などの学習をさらに発

展させ，児童の環境への意識をさらに高めることができる．

（2）総合的な学習の時間から家庭科の時間につなぐ例

① 総合的な学習の時間の活動で栽培した野菜などを使って，家庭科の調理実習の食材として利用し，収穫の喜びや，食物への感謝の気持ちを知ることで，両方の授業を効果的に行うことができる。
② 総合的な学習の時間でお世話になった地域の方々や，ゲストティーチャーを招いて，家庭科の6年生最後の題材「感謝の気持ちを伝えよう」として，家庭科で身に付けた力を使って，パーティーを開く。お茶やお菓子を用意したり，感謝を表す会場の設営を工夫したりして，心のこもったおもてなしができるようパーティーの進行を工夫する。　　　　（第2節　授業例②参照）

12　地域の支援・ゲストティーチャーの活用

　家庭科の年間指導計画作成にあたって，児童や学校の実態に応じたものにすることはもちろんであるが，地域の実態も充分把握することが，大切である。最近は「開かれた学校」として，地域の方々が学校に協力してくださる体制もできている。児童が地域の人々に温かく見守られて成長していくことは，教育的な効果も大きい。総合的な学習の時間をはじめ，さまざまな教科で地域にお世話になっているが，中でも家庭科は教科の特性上，地域のことを調べたり，インタビューしたり，見学に行かせてもらったり，地域のお世話になることが多い。効果的に地域の支援を受けたり，ゲストティーチャーをお願いしたりする時には，次のことに配慮する必要がある。
① 支援やゲストティーチャーの依頼については，管理職や教職員の理解のもと行う。
② 教師は授業のコーディネーターとして，充分な話し合いの時間をもち，授業の意図をゲストティーチャーに理解してもらう。
③ 授業者はあくまでも担任であり，ゲストティーチャーに任せきりにしたり

第1節　家庭科授業づくりの工夫

しないで，必要な所で効果的にお話をしてもらう。
④ 児童の授業に対する態度や，感謝の気持ちが表せるよう指導する。

地域の支援・ゲストティーチャー活用の例
① 地域で食材を生産している畑や工場などに見学に行き，お話をきいたり実際に作業をさせてもらったりする。
② 地域の方に，調理実習で班ごとにアドバイザーとして参加して頂き，地元の食材の調理や，用具の使い方の指導をして頂く。経験の少ない5年生には安心して実習ができ効果的である。
③ 初めての裁縫の，玉どめ・玉結びの実習はたいへん手がかかる。そこで，裁縫の得意な地域の方に参加して頂き，助手の役割をお願いする。参観授業などで，保護者に協力をお願いすることも考えられる。
④ その地方独特の住まいを見学させて頂き，その良さや生活ぶりを知り，郷土の生活文化にふれる。
⑤ 地域に伝わる伝統の織物や染め物の特徴や良さについて，お話を聞く。
⑥ 地域のためにボランティア活動をしている方にお話を聞く。

　積極的に，地域の支援・ゲストティーチャーの活用をすることは良いことだが，家庭科には年間指導計画に基づいて指導し，時間も限られているので，どの授業で協力いただくのが最もよいか検討し，効果的な活用が求められる。

(第3節　授業例③，第5節　授業例①参照)

13　家庭科の総合性を踏まえた指導

　家庭科は本来総合的な特質をもっているといわれている。「総合的」とは以下のようにとらえることができる。
① 家庭科は生活を営み，家族や地域の人々と共同して，生活を工夫し向上させていく資質や能力を育成する教科である。それには，知識や技能だけでなく，創造力・判断力・表現力・コミュニケーション能力等が必要とされ，また道徳観や倫理観を含む人間性など，総合的な能力が必要とされる。

② 家庭生活自体が衣食住それぞれ独立して営まれているものではない。夕食作りを考えても，食材，鮮度，調理法，家族の健康や好み，家庭の経済状況など，さまざまなことを考えて営まれている。家庭は家族が協力して衣生活や食生活，住生活を総合的に営んでいる場であり，家庭生活自体が総合的特質をもっているのである。

家庭科の学習は，以前は食物領域・被服領域などと領域ごとに題材構成をした時代があったが，今ではA～Dの内容を総合的に関連させて，児童の身近な生活を題材にして授業を構成するようになっている。家族と食生活・消費生活を関連させたり，衣生活・住生活・環境を関連させて指導するのである。

③ 家庭科の学習方法も，実験・実習・見学・調査・体験など，実践的・体験的な学習で，総合的な学習方法が用いられている。

家庭科の授業は，総合的な学習内容で，総合的な学習方法を用いて，授業が行われる教科である。家庭科の目標・内容・学習方法の総合性をよく理解して，生活をどうするかという視点で児童の関心の高い身近な題材を扱い授業を作って行くこと大切である。　　　　　　　　　　　（第6節　授業例①参照）

参考文献

岡陽子「家庭科における魅力ある教育計画の立案」文部科学省教育課程課・幼児教育課編『初等教育資料』2009年6月号

中央教育審議会「幼稚園，小学校，中学校，高等学校及び特別支援学校の学習指導要領等の改善について（答申）」2008年1月17日

長沢由喜子・鈴木明子『小学校教育課程講座　家庭』きょうせい，2009年

文部科学省『小学校学習指導要領』東京書籍，2008年

文部科学省『小学校学習指導要領解説　家庭編』東洋館出版社，2008年

（柴田陽子）

第2節 「家庭生活と家族」の学習

1 今日的課題と学習のねらい

　近年，家族や地域，社会との関係が閉ざされ，人との絆（つながり）をもたず，孤独な最期を迎える人が少なからずいる，というような生活実態がクローズアップされている。脱・地縁血縁社会は，伝統や束縛，しがらみなどから解放され，個人の自由，自立が保障されたかのように見えたが，その結果，家族や地域から孤立し，孤独な毎日を送る人々が増加した。その背景には，一人暮らし世帯の増加や，雇用環境の悪化などの要因もあるが，人とのかかわりが苦手，面倒であると感じる人々が増えてきていることも見逃せない。家庭や地域，および社会の一員としての自覚をもって，共に支えあって生活すること（＝共生・連帯）の重要性が認識できる機会が必要である。

　新学習指導要領においても「家庭生活と家族」に関する教育の充実が明示されている。家庭科の目標の中で，「家庭生活を大切にする心情をはぐくみ」と表現されている。つまり，学習者の心に訴えかけ，子どもたちの心を揺さぶる学びによって，「家庭生活の大切さを実感させること」が目標に組み込まれているのである。このことは，単に家庭生活への関心を高めるだけでなく，衣食住などの具体的な生活の営みの大切さに気づくことも重視し，児童自らが「日々の生活の営みを大切にしたい」という思いを自発的にもつことのできる授業を展開することが求められている。この「日々の生活の営みを大切にしたい」という意欲や態度が家庭生活を支える基盤となり，より豊かな生活をつくり出す力となる。

　ところで，学習者である小学校高学年の子どもたちにとって「家族や家庭生活」はどのくらい身近なものなのであろうか。便利な家電製品の普及や家族員

の減少により，子どもが分担する家庭の仕事，役割も少なくなり，生活体験が乏しくなりがちな子どもたちが増加している。それに加え，子どもが習い事や塾など家庭以外の場所で過ごす時間も増加している。また，家族員の生活時間もばらばらになりがちで，共に朝食や夕食を取る家庭は減少し，お互いがどのように生活をしているのかが理解しにくくなっている。このように，家族が同じ屋根の下でともに生活をし，物理的には身近であっても，その中身はかなり変容している。つまり「身近だから関心をもちやすい」とは限らないのではないだろうか。

　生まれた時から，あたり前にある生活空間や人間関係について考える機会は意外となかったであろう。今まで無意識に接していた家族や生活空間をあらためて見直し，「自分の家族や家庭生活」について考えるきっかけを作ることを初回のガイダンスの授業のねらいとしたい。

　特に4学年までの他教科や，道徳，総合的な学習の時間などの学習もふまえ，これまで家族に支えられて成長してきたことを思い起こし，家庭の役割について考え，さらに，これからの家庭科の学習を通してできることをふやし，家族のために役立ちたい，家族を喜ばせたいという思いをもって，2年間，児童一人ひとりが意欲的に家庭科学習に取り組むことができるような指導計画を作成したい。

　その際，建前論や一般論の「家族・家庭生活」ではなく，「児童一人ひとりの家族・家庭生活」に指導者も向き合い，児童それぞれが「自分自身の生活」に関心をもち，自分の生活の中から課題を発見し，解決策を見いだせるような学習を展開したい。家族の一般的なスタイルを提示し，それらを前提にした家族学習ではなく，今ある家族・家庭生活を見つめ，多様な生活，家族の存在を知ることと，自分らしい家族・家庭生活をつくることの意味を考えさせ，学習者である子ども自らが「家族・家庭生活」の大切さに気づくような授業を展開することが必要である。

　子どもたちのありのままの家庭生活や家族に関するさまざまなエピソードが授業中に飛び交い，お互いの生活を知り合うことも有効な学習になりえる。

第2節　「家庭生活と家族」の学習

　また，家族を大切に思う想いは，道徳教育の内容「2（2）だれに対しても思いやりの心をもち，相手の立場に立って親切にする。（5）日々の生活が人々の支えあいや助け合いで成り立っていることに感謝し，それにこたえる。」につながり，家族という集団の中の人間関係の学習は，「4（3）身近な集団に進んで参加し，自分の役割を自覚し，協力して主体的に責任を果たす。（5）父母，祖父母を敬愛し，家族の幸せを求めて，進んで役に立つことをする。」ことにつながる。さらに，生活時間やライフスタイルを考えさせる学習は，「1（1）生活習慣の大切さを知り，自分の生活を見直し，節度を守り，節制を心掛ける」ことにつながるなど，家庭科のこれらの学習は，道徳教育の基礎的な学習となっている。

　「A　家庭生活と家族」では，（1）「自分の成長と家族」のほかに，（2）「家庭生活と仕事」，（3）「家族や近隣の人々との関わり」について学習する。

　（2）では，家庭には，自分や家族の生活を支える仕事があることがわかり，自分の分担する仕事ができることや，生活時間の有効な使い方を工夫し，家族に協力すること，（3）では，家族とのふれあいや団らんを楽しく工夫し，近隣の人々とのかかわりを考え，自分の家庭生活を工夫することなどについて，実践的，体験的活動を通して，家庭生活をよりよくしようとする態度をはぐくむことをねらいとしている。家庭生活は，自分や家族だけでなく，地域の人々と協力し，助け合っていかなければならないことに気づかせたい。さらに，近隣の人々へ思いやりをもち，共により良い地域社会を作る必要があることにも気づくようにさせたい。

　（3）については，他のBCDの学習と関連させた題材を用いて学習させるとより効果的である。たとえば，ごみや不用品の出し方を地域の人から学んだり，地域の公園などの掃除を共にしたり，地域の人々を招いて，その地域に伝わる伝統料理の調理実習を共にする，などの体験を通して地域の人々とのかかわりを身近に感じさせることができよう。調理実習で学んだみそ汁を家庭で家族にふるまったり，家族の誰かに思いをこめて，生活に役立つものを製作する，というような学習も可能である。

93

また，(1) と (3) を組み合わせた学習の一例として，絵本などを使って身近な家族との接し方や，今は一緒に過ごしている身近な家族ともいずれは死や別れがくることなどに気づかせることもできる。

家族学習はプライバシーの問題もあり，扱いにくい学習内容であると思われがちであるが，小学校段階では自分の身近な家庭生活・家族に関心をもち，家族の一員としてともに生活をつくっていこうとする意欲と態度をしっかりと育みたい。それぞれの子どもたちの家庭環境に配慮することは欠かせないが，自己肯定感や自尊感情を育み，家族や身近な人々との絆を深め，自分の成長を感じ取ることのできる学習が展開しやすい学習領域でもある。

2 授業例

1 5年生「最初のガイダンスの授業」の指導
■成長の自覚を促すガイダンス的な内容

◆本学習指導の概要

本題材は，自分の家族や家庭生活について考えるきっかけを作ることと，2年間児童一人ひとりが積極的に家庭科学習に取り組もうとする意欲と態度を育てることをねらいとしている。初回のガイダンス授業は，家庭科は，家庭生活のことや自分の身のまわりのことについて学ぶ教科であり，また自分の成長・発達を進める教科であることが確認できるような学習内容としている。

指導者〇〇〇〇

1．日時・場所　　平成〇年〇月〇日　第〇校時　第5学年1組教室
2．学年・組　　　第5学年1組（在籍30名）
3．題材　　　　　「私もできるよ」
4．題材の目標
　・家庭科は，家庭生活や自分の身の回りのことについて学習する教科である

ことに関心をもつ。　　　　　　　　　　（関心・意欲・態度）
・家庭生活は，自分の成長を支えてくれている場所であることに気づく。
　　　　　　　　　　　　　　　　　　　　　　　（知識・理解）
・家族や家庭生活に関心をもつとともに，家族とのふれあいや団らんの大切さを知り，家庭で実践できる。　　　　　　（関心・意欲・態度）
・自分や家族の生活にあった家庭生活のあり方を工夫する。　（創意工夫）
・お茶を入れるためのお湯を安全に沸かすことができる。　　　（技能）

5．指導計画（全5時間）
　第1次　家庭科の学習って？（ガイダンス）（1時間）（本時）
　第2次　私と家族　（2時間）
　　　・一日の生活をみつめてみよう
　　　・家族と協力して生活しよう
　第3次　みんなでティータイム　（2時間）
　　　・家庭科室を探検しよう
　　　・お茶で団らん

6．題材について
〈教材観〉
　本題材は，生活自立の基礎を学ぶ家庭科学習への期待感をもたせ，自分の家庭生活と家族をみつめなおすことを大きなねらいとしている。特に第3次では，家庭科室で実際にお茶を入れたりしながら，家族と共に生活することの意味を考えさせたい。さらに，地域性を取り入れたおやつ（たとえば名古屋であれば，鬼まんじゅう，京都であれば，茶団子や八つ橋など）を準備したり，そのおやつにあう飲み物を子どもたちに考えさせ，「その飲み物を美味しく入れる方法を考える」などの作業を通して，相手の立場に立って，心をこめてお茶を入れることの大切さなど，生活行為がもつ精神面にも気づかせたい。

〈児童観〉
　毎日の家庭生活が家族の支えで成り立ってきたことへの自覚をもたない児童が大半であるので，学習によって家庭生活への主体的な取り組みを促したい。

ガスコンロを使ったりすることがはじめての児童も多い。一方で料理を得意とする児童もいるので個人差に配慮しながら実習を進めたい。家庭科の学習が自分の技術向上や知識理解につながり，家族のために役立ったりすることで自信をもつ児童も多い。学力以上に，家庭での生活経験の個人差は大きい。その実態をしっかりとふまえた指導が必要である。

〈指導観〉

　第1次では，家庭科学習のスタートにあたり，4年生までの自分の家庭生活へのかかわり方や，家族からの支えを確認させる。その上で，これからの家庭科学習への取り組みや学習を家庭生活へ返していくことを自覚させ，家庭科が自分の成長・発達を進めるための学習であることをおさえたい。

　第2次では，家庭生活を支えるさまざまな仕事（労働）と生活時間に目を向けさせ，それらの仕事は，毎日誰かが担ってくれていることに気づかせたい。

　家族の一員として今の自分にも担える仕事を見つけ，家庭で責任を持って継続的に実践できるよう支援したい。家族と協力して生活することによって，心の結びつきが強くなることにも気づかせたい。また，計画的な時間の使い方や，家族で生活時間を調整しながら時間を共有する工夫などもおさえておきたい。

　第3次では，家庭科室の探検を行い，これからの家庭科室での学習に意欲的に取り組もうとする気持ちをもたせたい。事前に，清潔な魅力的な家庭科室にしつらい，児童のその気持ちを高めたい。また，家庭科室探検は，これから家庭科を学ぶ場所であることを確認する意味も含めている。2年間この場所でどのようなことを学ぶのか，具体的な活動が視覚的に認識できるよう，上級生の作品や授業の様子などの写真があると子どもたちがイメージしやすい。

　ここでは，家庭科室での安全面の指導（ガスコンロの使い方や高温のお湯の扱いなど）も徹底したい。

7．本時の学習（全5時間中の1時間目）

（1）本時の目標

　・家庭科は，家庭生活や自分の身の回りのことについて学習する教科であることに関心をもつ。　　　　　　　　　　　　　　　　　　　（関心・意欲・態度）

（2）本時の展開

	学習活動	指導上の留意点・支援	評　価
導入	○昨日の家での生活（衣・食・住などに関わるさまざまな場面）をふり返る。	・昨日，家でどんなことをしたか，できるだけ多くの児童に発表させる。	
展開	○生まれてから，今までの10年間の成長を振り返り，家族とともに成長を喜びあったことや，小学校に入学してからできるようになったことをワークシートに書き，振り返る。 ○一緒に生活している家族について，【してもらったこと】を，ワークシートに書きだす。 ○自分のことができるようになったり，家族やまわりの人に何かをしてあげることができるようになったりするために学ぶ家庭科で，どのようなことを学ぶのか予測し，発表する。 ○教科書を見て学習内容を確認する。 ○家庭科を学んでできるようになりたいこととその理由をワークシートに書く。 ○一緒に生活している家族について，【これからしてあげたいこと】を，ワークシートに書きだす。 ○付箋に書いて，黒板の模造紙に貼りに行く。（1人2つまでとする） ・予測した内容と対比させながら，家庭科は家庭生活のことを多様に学ぶ教科であることをおさえる。	・小学校入学からこれまでに「できるようになったこと」をふり返り，自分の成長に気づかせる。 ・1人でできるようになったのではなく，まわりの人の手助けがあったことをおさえ，一緒に生活している家族に感謝の気持ちをもたせる。 ・これから学ぶ学習内容を予測させ，学習への意欲を高める。 ・予測した内容と対比させながら，家庭科は家庭生活のことを多様に学ぶ教科であることをおさえる。 ・自分でできるためだけでなく，家族のためにもできるようになることが家庭科のねらいでもあることに気づかせる。 ・家族のために何か役立つことができるようになりたいという思いを高めることができるよう声かけをしながら机間巡視する。	家庭科を学んでできるようになりたいこととその理由をまとめる。 （関） ［ワークシート］

第3章　小学校家庭科の授業づくり

まとめ	○家族にしてもらったこと，してあげたいことを次時に確認しあうことを知る。	・本時の学習をふり返り，これからの家庭科の学習への期待感をもたせる。 ・自分の学習を記録する学習ノートを作ることを予告し，一人一冊，ノート（ファイル）を準備することを伝える。

【ワークシート例】

平成○年○月○日

こんなことができるようになりたい！！

5年1組　　番　＿＿＿＿＿＿＿＿＿

《小学校に入学してからできるようになったこと》

《家族にしてもらったこと》

気づいたこと

家庭科を学んでできるようになりたいこと：その理由

《これから家族にしてあげたいこと》
・
・

次の時間までに『家庭科』ノート（ファイル）を用意すること

2　5年生最後の「感謝を伝える授業」の指導

■家庭科と道徳教育との関連
■他教科との関連を図った指導
■総合的な学習の時間との関連
■言語活動の充実

◆本学習指導の概要

　本題材は，大阪での実践を想定している。お好み焼きパーティを通して，一年間の授業を振り返ることを目的に，道徳と家庭科のA（3）「家族や近隣の人々との関わり」の学習を関連させ，総合的な学習の時間にお好み焼きを作る。1年間の家庭科の学習内容や家庭生活をふり返り，家族やお世話になった人への感謝の気持ちをもたせ，家族の一員として，地域社会の一員としてこれから自分にできることを考えさせる。6年生の家庭科学習への意欲につなげる，5年生最後の家庭科学習である。

　　　　　　　　　　　　　　　　　　　　　　　　　　　　　指導者○○○○
1．日時・場所　　平成○年○月○日　第○校時　　第5学年1組教室
2．学年・組　　　第5学年1組（在籍30名）
3．題材　　　　　「1年間ありがとう」
4．題材の目標
　・感謝の気持ちを言葉で表す重要性を理解している。　　　（知識・理解）
　・1年間をふり返り，家族やお世話になった方へ感謝の気持ちを伝えようとしている。　　　　　　　　　　　　　　　　　　　　（関心・意欲・態度）
　・日々の生活が人々の支えあいや，助け合いで成り立っていることに気付き，感謝の気持ちをもち，家族の一員として，地域社会に一員としてこれから自分にできることを考えることができる。　　　　　　　（関心・意欲・態度）
　・感謝の手紙と招待状を作成する際に自ら工夫することができる。（創意工夫）

5．指導計画（全3時間）

　　第1次　ありがとうの気持ちを言葉であらわそう（2時間）

　　　　第1時　『ずーっとずっとだいすきだよ』の読み聞かせ（本時）

　　　　第2時　お好み焼きパーティーの計画

　　　　　　　　家族や近隣の人への手紙・招待状作り

　　　　　　　　（手紙作成：国語　カード作成：図工）

　　　　　　　　みんなでお好み焼きをつくろう：総合的な学習の時間

　　第2次　この一年の成長を振り返ろう（1時間）

6．題材について

〈教材観〉

　学習指導要領の重要事項に「道徳教育の充実」や「言語活動の充実」が掲げられている。「道徳教育の充実」については，これまでにも家庭科は，道徳と関連させた学習指導が行われてきているが，今後はより一層，関連を明確にした学習指導が必要になる。そこで，道徳教育の「2（2）だれに対しても思いやりの心をもち，相手の立場に立って親切にする。（5）日々の生活が人々の支えあいや助け合いで成り立っていることに感謝し，それにこたえる。」や「4（3）身近な集団に進んで参加し，自分の役割を自覚し，協力して主体的に責任を果たす。（5）父母，祖父母を敬愛し，家族の幸せを求めて，進んで役に立つことをする。」と関連させ，家族を大切に思う想いや，家族という集団の中の人間関係をより良くしようとする想いを育成するねらいで本題材を設定している。

　さらに本題材では，感謝の気持ちを手紙や招待状に表現することもねらいとしている。感謝の気持ちを言葉で伝えることの大切さを絵本の読み聞かせを通して知らせたい。また，楽しく調理し，自分の作ったものを誰かにふるまい，美味しく食べてもらうことによって，自信をつけ，自己肯定感を高めるきっかけになることもある。今回は，簡単に美味しく作れる，大阪ならではの「お好み焼き」を教材に取り上げた。

〈児童観〉

　自分の思いを言葉で表現し，相手に気持ちをしっかりと伝えている子どもは意外と少ない。特に家族間では，言わなくてもわかってくれているという思い込みや，気恥ずかしさもあったりするので，自分の思いを言葉で表現し伝えていない子もいる。さらに子どもたち同士の言葉の交流として，普段から食べ慣れている，なじみのあるお好み焼きを通して，その家ならではのお好み焼きの材料や作り方をお互いに交流し合うことにより，友人とのコミュニケーションを図るきっかけとなる。

〈指導観〉

　「言語活動の充実」については，家族など身近な人とのコミュニケーション力を育てるねらいで，自分の思いを手紙に表現したり，発表したりすることがすでに家庭科の学習でも行われてきていた。今回は，「手紙に感謝の思いを表現する」だけではなく，感想を自分の言葉で表現したり，友達の感想を互いに聞きあうことなどの活動も取り入れ，言語活動の充実を図った。本指導計画では，第1次の導入として絵本を用いている。道徳の時間に読み聞かせを行うこともできる。第2時は，パーティの計画をたてる時間にあてるが，感謝の気持ちを手紙に表現する学習は，国語，招待状の作成は，図工の時間を利用する。学習を深めたり，丁寧な作業を求める際には，総合的な学習の時間や他の教科の時間の活用を視野に入れて指導計画を作成したい。特にクラスの人数が多くなればなるほど，「言語活動の充実」の学習活動は時間が必要になる。総合的な学習の時間や他の教科の時間を上手く組み込み，一つの題材にしっかりと時間をかけて，学習者が主体となる学びを中心にした授業の組み立てを考えたい。今回は総合的な学習の時間に調理実習を行う設定をしている。2時間を想定しているが，昼食や交流をかねて，もう少し長く時間を設定することも可能である。

　第3次では，一年間の家庭科学習のまとめとして，一年間の自分の成長をしっかりとふり返らせ，日々の生活が人々の支えあいや，助け合いで成り立っていることに気づかせ，感謝の気持ちをもたせ，家族の一員として，また地域社会の一員としてこれから自分にできることを考えさせたい。

7．本時の学習（全3時間中の1時間目）
「『ずーっとずっとだいすきだよ』の読み聞かせ」

（1）本時の目標
・相手の意見や思いを良く聞き，尊重しながらも自分の思いや考えをしっかり伝える必要があることを知る。　　　　　　　　　　　　　　　　　（知識・理解）

（2）本時の展開

	学習活動	指導上の留意点・支援	評　価
導入	○家族に「好きだよ」とか「ありがとう」など自分の気持ちを言葉で表現しているかどうかふり返る。 ○絵本の読み聞かせのあと，感じたことを発表しあうことを知る。	・日常生活の中で自分の気持ちを言葉で表現しているか，今までの生活を思い起こして考えさせる。 ・今から読む絵本に興味を持たせる。	
展開	○絵本『ずーっとずっとだいすきだよ』の読み聞かせを聞き，感じたことをワークシートに書く。 ○感じたことを発表する。 ○相手の立場にたって，自分の思いや考えを伝えることの重要性を知る。 ○家族やお世話になった方へ，感謝の気持ちを持つ。この1年間どんなことをしてもらったか，ふり返り，そのお礼にパーティに招待し，一緒に食事を楽しむことを知る。	・できるだけ多くの児童が集中できるよう，読み聞かせ方を工夫し，朗読する。 ・感じたことを自由に発言できるよう，発表を促す。 ・自発的に，感謝の気持ちが持てるよう，言葉かけを工夫する。	自分の思いや考えをしっかりと相手に伝える必要性に気づく。(知)〔ワークシート〕
まとめ	○感謝の気持ちを表現する方法を考える。	・自分の言葉で感謝の気持ちを表現し，次時に招待状と手紙を作成することを知らせる。	

　ハンス・ウイルヘルム作の『ずーっとずっとだいすきだよ』は，以下のような内容である。

> 『エルフィーと主人公の「ぼく」は，いっしょに大きくなった。年月がたって，「ぼく」の背がのびる一方で，愛するエルフィーはふとって動作もにぶくなっていった。ある朝，目がさめると，エルフィーが老衰で死んでいた。深い悲しみにくれながらも，「ぼく」には，ひとつなぐさめが，あった。それは，毎晩エルフィーに，「ずーっとだいすきだよ」っていってやっていたから，「ぼく」の気持ちは他の家族よりも少しらくだった。いつか「ぼく」も他の犬をかうだろうし，子ねこや金魚もかうだろう。何をかっても，毎晩きっと言ってやるんだ。「ずーっとずっと，だいすきだよ」って。』
>
> 評論社　ハンス・ウイルヘルム　えとぶん　久山太市　やく

3　教材研究

（1）家庭の機能と家族の役割

　夫と妻を基本とし，親と子，きょうだいなどで構成される生活の共同体やその構成員を「家族」という。この生活共同体を構成する家族が生活を共にしている場，またはその生活の状態を「家庭」という。「世帯」は，家族や，また家族でなくても，生計と居住を共にしている場合をいい，集団や一人暮らしも含まれる。「家族」と「世帯」は必ずしも一致しない。たとえば，外見上一つにみえる住宅に住む拡大家族でも，親子世代が別生計であれば，2世帯となる。
　家庭は，社会に対する機能と家族に対する機能がある（表3-1）。

表3-1　家庭の機能

社会に対して	子どもの社会化 生活文化の伝承	労働力・資本の提供 生命の再生産
家族に対して	情緒的な安定・心のやすらぎ 健康の維持・向上	生活の保障 養育・保育・介護・看護

　このような家庭の機能は社会状況と共に変化し，縮小されてきている。
　しかし，「情緒的な安定，心のやすらぎ」は社会が代替することは難しく，「家庭」がやすらぎの機能を失わないように家庭生活を営むことが重要である。

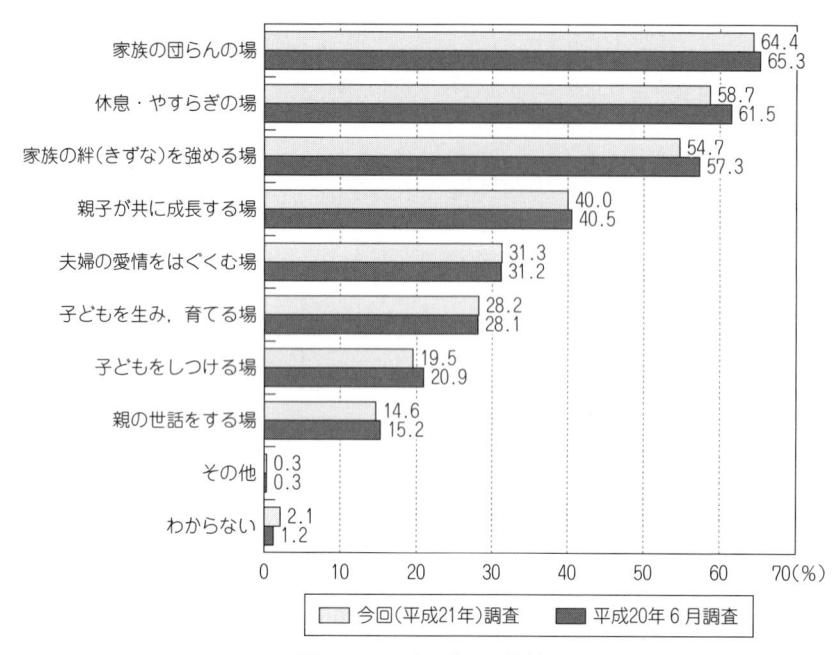

第3章　小学校家庭科の授業づくり

図3-1　家庭に求める役割

項目	今回(平成21年)調査	平成20年6月調査
家族の団らんの場	64.4	65.3
休息・やすらぎの場	58.7	61.5
家族の絆(きずな)を強める場	54.7	57.3
親子が共に成長する場	40.0	40.5
夫婦の愛情をはぐくむ場	31.3	31.2
子どもを生み,育てる場	28.2	28.1
子どもをしつける場	19.5	20.9
親の世話をする場	14.6	15.2
その他	0.3	0.3
わからない	2.1	1.2

出所：内閣府「国民生活に関する世論調査」2009年

図3-1は，内閣府「国民生活に関する世論調査」2009年において，家庭に求める役割を複数回答で尋ねた結果である。「家族の団らんの場」が64.4％と最も高く，続いて，「休息・やすらぎの場」「家族のきずなを強める場」の順となっている。家庭がそのような場になるためには，「会話を楽しむ，余暇を共に過ごす，家事を一緒にする」等の家族のふれあいは不可欠であり，それぞれの家族に適したコミュニケーションを考え，家族の絆が強まるような家族のふれあいを日々大切にしたい。

表3-2　家族の役割

・生活費の獲得
・家庭の経営と管理
・子どもを産み育てる
・生活文化の創造・伝承
・家庭の仕事（衣・食・住）の遂行　など

また，家族の役割（表3-2）は，一般的には，夫と妻が分担していることが多いが，子どもも成長と共に家庭で担える役割は増える。

家庭の中で行われている生活行為

を家族全員が把握し，その時々の家族員の状況に合わせて役割を分担できることが望ましい。

家族の一員として，家庭の仕事（家事）を分担し，生活的自立の基礎を身に付けることは，子どもの自尊感情を高めたり，責任感を育成することにつながる。親は，子どもの成長に合わせて，役割を分担させ，その仕事が継続できるよう配慮し，子どもが自分の成長を自覚できるよう見守ることが大切である。

（2）生活時間と家事労働

家庭の経済や，家庭の仕事，家事のあり方，家族の生活時間などは相互に密接な関係がある。たとえば，夫婦が共に職業労働に従事すれば，収入は増えるが，家事労働を行う時間や労力が減少し，家族で共に過ごす時間の調整も難しくなる。家事代行サービスの利用や外食が増えれば，家事労働時間は減少するが支出は増加する，などである。

生活時間は，一般に，生活行動の種類によって，表3-3のように分類される。1日24時間，1週間，1ヶ月，1年の生活時間がバランスよく配分されることが，充実した生活に結びつく。生活時間の実態は，性別，職業，家族の状況などによって異なる。一般的には，男性の家事労働時間は女性より短い（総務庁「平成18年生活基本調査」）。さらに海外の男性に比べても，日本の男性の家事時間，育児時間は極端に短いのが特徴的である（厚生労働省，2008）。ワークライフバランスの観点から，男女共に生活時間を調整し，バランスの良い生理的生活時間，社会的生活時間，自由時間の配分に気を配るのみならず，今後は，家族が共に過ごす時間の確保にも重点をおきたい。

表3-3　生活時間の分類

生理的生活時間 （生活必需時間）	睡眠・休憩・食事・身のまわりの用事・療養・静養など
労働生活時間 （社会生活時間）	職業労働・家事労働・学業・通勤・通学・社会参加など
社会的・文化的生活時間 （自由時間）	会話・交際・レジャー活動・マスメディア接触（テレビ・新聞・ビデオ）・休息など

家事労働は，職業労働と比較すると表3-4のような性格をもっている。
　この2つの労働は，生活のためには，不可欠である。
　家事労働は，①生活に必要な商品，サービスを購入する（買い物），②加工・再生する（調理，裁縫，洗濯），③生活の場を整える（食事の後片付け，掃除，整理整頓），④家族の世話をする（育児，子どもの送り迎え，介護・看護）など，さまざまな内容を含んでいる。家庭電化製品の普及やサービス業の成長により，家事労働の合理化，社会化（外部化）が進んでいる。しかしこれらは，時間的ゆとりを生むなどプラス面と共に，家事の質が画一的になる，生活技術や生活文化の伝承がなおざりになるなどのマイナス面ももつため，それぞれの家族の状況を十分に考慮して取り入れるのが良い。

表3-4　家事労働と職業労働

	家事労働	職業労働
労働に対する賃金の有無	賃金が支払われない無償	賃金が支払われる
仕事の性格	仕事内容が多種多様 時間や方法を自由に決めることができる 勝手にやめることはできない 家族のライフスタイルや，ライフステージ，家族の状況によって内容や仕事量が異なる	仕事内容が決められている 時間や休日が決まっている やめることができる

(3) 子どもの生活時間

　最後に，子どもの生活時間に焦点を当て，現代の子どもの生活課題についてみていくことにする。
　「放課後の生活時間調査」（ベネッセ教育開発研究センター，2008）によると現在，小学5，6年生の約8割が習いごとに行っている。
　習いごとの内容は，野球・サッカーなどの「スポーツ」が最も多く，次いで「楽器・音楽」「習字・硬筆」「英語・英会話」となっている（ベネッセ教育開発

第2節 「家庭生活と家族」の学習

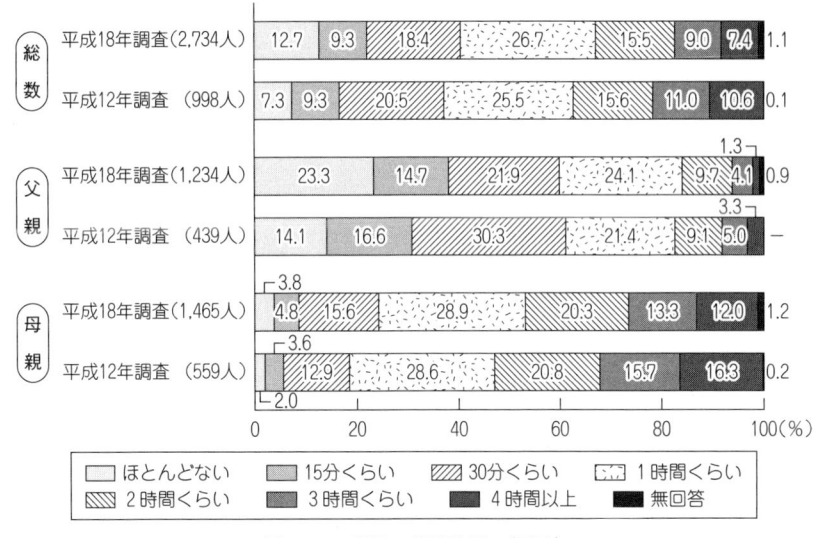

図3-2 親子の接触時間〔平日〕

出所：内閣府（2007）。

研究センター，2008）。放課後，塾に通う割合も高く（内閣府，2007），多忙な時間を過ごしている子どもたちが多い。

親子の接触時間（図3-2）を見てみると，父親は，「ほとんどない」が約23％，この「ほとんどない」と「15分くらい」「30分くらい」を合計すると，約6割が「30分くらい」以下の接触時間である。一方母親は，24.2％が「30分くらい」以下で，このデータからは，父親・母親共に子どもとの接触時間が短い家庭が多いことが読み取れる（内閣府，2007）。

また，自由時間の使い方（図3-3）について，「低年齢少年の生活と意識に関する報告書」によると，「あなたはふだん，学校以外で一日に何時間くらい次のことをするか」と尋ねた結果，雑誌や新聞・本を読む時間は短く，テレビやビデオの視聴の他，テレビゲームやパソコン，携帯電話，メールなどの時間が長いことがわかる。

一方，家事労働時間は平日平均5分と少なく（厚生労働省「平成18年社会生活基本調査」），生活的自立を学ぶことのできる家事労働にあまり携わっていない

第3章 小学校家庭科の授業づくり

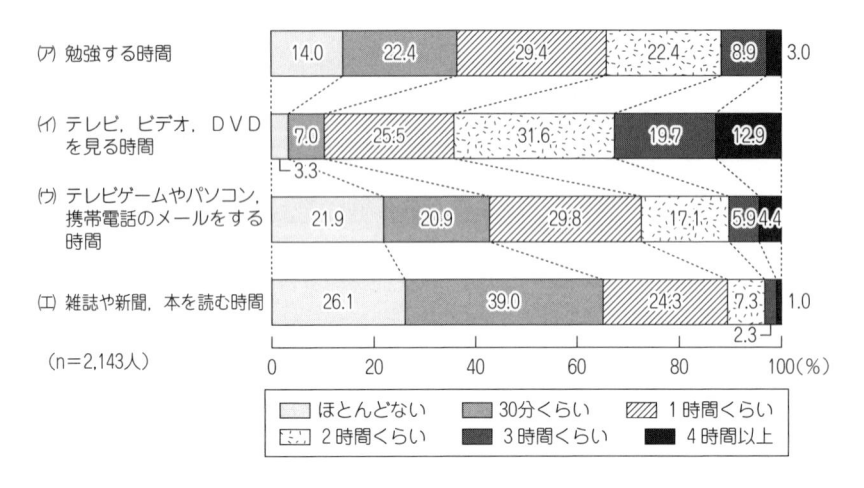

図3-3 自由時間の使い方

出所：内閣府（2007）。

子どもたちが多いといえよう。

　子どもの生活時間のあり方は，大人社会の問題でもある。子どもの「豊かな時間」をどのように創り出すか，社会全体で考えていかなければならない。

　子どもたちの生活実態や近年の家族の変容などをふまえ，規範的な家族学習ではなく，今ある家族に子どもたちが目を向けることのできる「家族学習」を期待したい。

参考文献
厚生労働省「平成20年度版少子化社会白書」2008年
厚生労働省「平成18年社会生活基本調査」2006年
内閣府「低年齢少年の生活と意識に関する報告書」2007年
内閣府「国民生活に関する世論調査」2009年
ベネッセ教育開発センター「放課後の生活時間調査」2008年

（大本久美子）

第3節 「日常の食事と調理の基礎」の学習

1　今日的課題と学習のねらい

　わが国では戦後の経済繁栄とともに，食品の工業化や外食産業の進展，また家事の簡便化，味の追求により，「いつでも美味しいものが簡単にほしいだけ食べられる」豊かな食生活を実現してきた一方で，食にかかわるさまざまな問題を呈している。一つには，栄養摂取の偏りから生じる健康上の問題である。好きなものだけ食べるという偏食傾向が子どもたちに強まっているといわれている。また食の欧米化により肉類や乳製品を多く食べるようになったことで脂質の摂取量が増え，肥満や生活習慣病の増加につながっていると考えられる。一方無理なダイエットによる健康への影響も心配される。二つ目は，食事のスタイルである。「家庭で料理して，家族が食卓を囲む」といった風景が当たり前ではなくなってきている。ひとりで食事をする孤食や，それぞれが好みのものを食べる個食は，偏食を増長し，家族のつながりも希薄なものにしている。また調理済みの弁当や惣菜を持ち帰り家庭で食べる“中食（なかしょく）”と呼ばれるスタイルも広がっており，家庭の味や調理法が親から子へと伝えられる機会も減少している。さらに三つ目として食の安全性があげられる。加工食品や輸入食品の増加は，食品添加物や残留農薬の心配を深めた。また産地や賞味期限，原材料を偽って表示する食品偽装が社会問題になったが，食の外部化により安全性も企業に預けてしまっているのである。

　こういった食生活における諸問題を背景として，「国民が生涯にわたって健全な心身を培い，豊かな人間性を育むことができるように食育を推進する」ことを目的として2005（平成17）年に食育基本法が制定された。長寿高齢社会において，健やかに老後を迎えることは国家としても大きな課題であり，「食べ

る」という行為が健康の基盤となるものとして，食の教育が法律に位置づけられたことには大きな意味がある。

　従来から，家庭科では食生活の学習を重視してきたが，今回の学習指導要領では食育推進のため学習内容の一層の充実が求められている。小学校家庭科には，生涯自分の健康と深くかかわる食生活を自己管理する能力の基礎を身に付けるという大きな役割がある。基礎的・基本的な知識や技能を土台として，多様化した食環境の中で取捨選択する力や，受け継がれてきた食文化を尊重しつつ自分の食生活を創造していく能力へと発展させていくことができるのである。

　学習指導要領における内容「B　日常の食事と調理の基礎」は，(1)「食事の役割」(2)「栄養を考えた食事」(3)「調理の基礎」の3項目から構成されている。従来から(2)・(3)の内容は扱われていたが，今回の指導要領では(1)「食事の役割を知り，日常の食事の大切さに気付くこと」「楽しく食事をするための工夫をすること」といった内容が明記されたことに注目する必要がある。こういったことは，各家庭生活で日常的に感じ取れることであった。さまざまな家庭環境や生活様式の中で食事の大切さが見失われている現状において，家庭での日常の食事が，家族との団らんやコミュニケーションの場であることや，食事は身体の栄養はもちろんのこと，"心の栄養"でもあるということを学習や家庭での実践を通して子どもたちに気付かせることが求められている。また躾（しつけ）が軽視されがちな中で，みんなで楽しく食事をするためには，お互いにマナーを心得ておくことが必要であるということも指導に取り入れるようにする。

　(2)「栄養を考えた食事」では，栄養素の働きを知り，食品を組み合わせてとることや1食分の献立を考えるといった栄養に関する基礎的・基本的な知識および技能を身に付けることをねらいとしている。この知識や技能は，生涯の食生活の基盤となる能力である。中学校での扱いになっていた五大栄養素について基礎的事項を小学校で教えることになったが，名称や働きを覚えることだけに重点を置かず，生きるために必要な栄養素を食事によって摂っていることを理解し，「栄養のことも考えて食べる」という姿勢を育てることが大切であ

第3節　「日常の食事と調理の基礎」の学習

る。

　（3）「調理の基礎」では，簡単な調理を計画し実習することを通して，調理に関心をもち，調理の基礎・基本的な知識および技能を身に付けるとともに，調理の楽しさを実感し，日常生活で活用する能力を育てることをねらいとしている。インスタント食品やレトルト食品，調理済み食品などの氾濫により家庭で調理する必然性が著しく低下し，調理に関する家事労働も軽減された。そのような家庭状況の中で調理体験をあまりしていない子どもたちにとって，調理実習は普段できない活動であり，興味をもって取り組む姿が見られる。しかし大切なのは，調理実習が単に体験やイベントで終わってしまってはいけないということである。年に数回の実習だけで，調理の基礎的・基本的な知識および技能を確実に身に付けることは困難であるため，指導計画の工夫や家庭生活での実践により繰り返し取り組めるようにすることが重要である。また調理実習を単なる実技時間として単発的に実施するのではなく，（1）「食事の役割」や（2）「栄養を考えた食事」の学習とつながりをもたせて，食生活への関心につなげていくようにする。現代においても「我が家の手料理」は家庭の温かさの象徴であり，栄養面，健康面，経済面などから考えても，市販品より優れている点が多い。「作ることは楽しいな」「作ったごはんをみんなで食べるとおいしいな」という実感から，子どもたちが家庭で調理することや食事の時間を共有することの価値に気付いて，関心や意欲が高められるような指導でありたい。

　今回の改訂においても前回に引き続き，米飯とみそ汁が指定題材として残された。食の洋風化が進む中でも，ごはんが日本人の主食であることに変わりはない。また，みそ汁は日本の食文化である出汁，みそ，海藻や野菜の実を組み合わせた栄養満点の汁物である。これまで受け継がれてきた食文化の先細りが予想される現状において，小学校家庭科で必ずこの題材を学習するということは，日本人としての食生活の基本を学ぶという意味から価値のあることである。

　さらにこれからの生活において，環境に配慮することもたいへん重要な課題である。食生活の中にも，無駄がたくさんあることや，工夫することの大切さに気付かせたい。開発途上国の食糧不足と飢餓，わが国の食料自給や食品廃棄

の問題など，視野を広げれば食に関する問題はさらに深刻である。子どもたちは今の充足した食生活を当然と受け取っているかもしれないが，たいへん恵まれていることに気付かせ，感謝する気持を育むことが食の教育の原点であるといえるだろう。食に関する教育は家庭科のみに期待されるものではないが，学校教育の中で，家庭科の果たす役割は大きいといえる。

2　授　業　例

1　5年生「簡単な調理」の指導

■基礎力の定着と活用力を育てる指導
■環境への配慮をした指導

◆本学習指導の概要

　この題材では，野菜炒めの調理を取り上げ，内容「B　日常の食事と調理の基礎」の学習を中心に，「D　消費生活と環境」「A　家族と家庭生活」も関連づけて指導する。実習における調理の改善点を考えさせ，同じ内容で再度実施することで問題解決に対する思考力を育てるとともに基礎的・基本的技能の定着を図りたい。また環境への配慮のための工夫を考えさせ，日常生活における実践的態度が育つように指導したい。

　　　　　　　　　　　　　　　　　　　　　　　　　　　指導者○○○○

1．日時・場所　　平成○年○月○日　第○校時　　5年1組教室
2．学年・組　　　第5学年1組　（在籍○名）
3．題　　材　　　「おいしく野菜炒めをつくろう！」
　　　　　　　　　―エコクッキングにチャレンジ―
4．題材の目標
　・日常の食生活や調理に関心を持つとともに，環境に配慮することの大切さを知る。　　　　　　　　　　　　　　　　　　　　（関心・意欲・態度）

・環境に配慮した調理の仕方を工夫する。　　　　　　　　　（創意工夫）
・安全で衛生的な調理の仕方がわかり,「炒める」調理ができる。　（技能）
・食品の体内での働きがわかり,いろいろな食品を食べることの必要性を理解している。　　　　　　　　　　　　　　　　　　　　　　（知識・理解）

5．指導計画（全8時間）

 第1次　なぜ食べるのだろう
  第1時　食事の役割を考える
  第2時　いろいろな食品を食べる必要性を知ろう
 第2次　簡単な調理をしよう
  第3時　野菜の調理の仕方を考える
  第4時　調理実習計画を立てる
  第5時　調理実習（野菜いため）
 第3次　レベルアップのための工夫を考えよう
  第6時　調理実習の反省と,工夫できることを考える（本時）
  第7時　エコクッキングにチャレンジ
 第4次　生活に活かそう
  第8時　家庭でも野菜炒めをつくる計画を立てる

6．題材について

〈教材観〉

　本題材では子どもたちが日常の食事の大切さを理解した上で,日頃よく使う材料を用いて,基礎的な調理技能を身に付けることをねらいとしている。いろいろな野菜の切り方,炒める際の油の使い方,炒める順序,火加減,火の通し方などを学習する。野菜のおいしさを実感して,家庭でも作ってみようという意欲につなげたい。もう一つのねらいは,調理においても,省エネや環境に配慮した工夫がたくさんあることを知ることである。一人ひとりの小さな心がけや行動の積み重ねが大切であることを伝え,この場限りの学習で終わるのではなく,持続的な実践的態度を育てたい。

〈児童観〉

便利な生活の中で子どもたちは生活体験が乏しく，物事を創意工夫する場面が少なくなっている。1学期の学習では「お茶の入れ方」や「果物の切り方」に取り組み，ガスコンロの使い方や包丁の扱い方を学習した。家庭科で学んだことは自分の技術向上になったり，家族のために役立ったりすることを実感できて意欲的に取り組んでおり，中でも調理実習を楽しみにしている児童は多い。「環境を守る」「エコ」ということばは聞き慣れているが，自発的に暮らしの中で工夫したり実行したりしている児童はまだ少ないと思われる。

〈指導観〉

はじめに日常の食事の役割を考えるところから学習を始める。食事は健康を保ち，成長や活動のもとになっていることや，食事を共にすることでまわりの人と楽しくかかわったり和やかな気持ちになったりすることに気づかせたい。またいろいろな食品を組み合わせて食べることで栄養バランスが取れていること，特に野菜の必要性を理解することで，次の学習の意欲が高まるようにする。

野菜炒め作りでは，キャベツ，にんじん，玉ねぎを使い，火が通りやすい切り方や炒める順序，火加減，味付けなど，おいしい作り方をクラスで考え実習計画を立てる。実習では安全面に充分配慮する一方で，児童の主体性を大切に進める。炒めることによりかさが減り，油で風味が増すことにも気付くようにする。

実習後，調理の過程でうまく行かなかったところやもっとおいしく作るための改善点，さらに環境に配慮するという視点からどのような工夫ができるかを考え，改善と工夫を盛りこんだ実習計画表を班で作る。再度同じ野菜炒め作りの実習を行うことで，調理の基礎的・基本的な力を付けるとともに，調理における具体的な環境への配慮の手立てを知り，家庭でも実践する計画を立てる。

7．本時の学習（全10時間中の7時間目）

「調理実習の改善点と工夫を考えよう」

（1）本時の目標

・前回の調理の改善点がわかる。（知識・理解）

・環境を考えた調理を工夫する（創意工夫）

第3節 「日常の食事と調理の基礎」の学習

（2）本時の展開

	学習活動	指導上の留意点・支援	評　価
導入	○前時の振り返りをする。 感想をいう。	○調理実習の感想を聞く。 ・味はどうだったか。 ・計画通りにできたか。	
展開	○反省点や改善点について意見を出し合う。 ・硬いところがあったからにんじんは薄く切った方がよかった ・火が強すぎたので焦げた。 ○環境への配慮についても考える ・キャベツの芯と葉の硬いところをたくさん捨てた ・水と洗剤を使いすぎていた エコクッキングについて考えよう ○環境への配慮について班で工夫できることについて話し合う。 ○ワークシートに記入する。 ○クラスで意見を出しあう。 ・キャベツの芯やにんじんの皮で，料理できないかな？ ○改善点と工夫を盛り込んだ実習計画表を班で作る。	○さらに詳しく振り返らせる。 ・難しかったところ，うまくいかなかったところ ・次にする時はどうすればいいか ○「環境にも配慮することができていましたか。」 ・材料の切り方，水や洗剤の使い方，ごみの捨て方など 環境に配慮した調理をエコクッキングと呼ぶことを知らせる。 ○「どんな工夫が考えられますか。」 ・買い物からごみ出しまで考えるようにする ・家庭で気を付けていることがないか考えさせる ・材料の選び方や腐らせないことも工夫になることを伝える。 ・省エネは節約になることを伝える ・改善と，工夫（3つ）を取り入れた野菜炒めの実習計画を立てさせる	反省点と改善点がわかる（知） [発表] 環境への配慮を考える（創） [ワークシート]
まとめ	次時の予告を聞く	次時はこの計画で，前回と同様の調理実習を行うことを伝える ・持ち物の確認	

第3章　小学校家庭科の授業づくり

【ワークシート記入例】

エコクッキングにチャレンジ！

～環境に配慮する工夫を考えよう～

5年　　組　氏名（　　　　　　）

エコ(eco)ってエコロジー(環境)とエコノミー(経済的)！？

作　業	どのような工夫ができるかな
買い物(選び方)	・買いすぎない　(必要なものを少なめに購入する) ・旬のものを選ぶ(栄養が豊富、省生産エネルギー) ・国産品を選ぶ・地元のものを選ぶ(省流通コスト)
調　理	・材料を腐らせない ・(切り方、むき方など) 廃棄を少なくする ・皮や芯、種なども調理を工夫すれば活用できる ・火の調節を適切に行う　(焦がさないようにする) ・鍋にふたをしたら早く湯が沸く ・まとめ作りをして冷凍保存
食べ方	・残さずに食べる ・みんな揃って食べる(温め直しがいらない) ・食べ残したものを捨てない（活用する）
後片付け	・油汚れはふき取ってから洗う ・洗剤を使いすぎない ・水を出しっぱなしにしない ・アクリル毛糸のたわしを使うと洗剤がいらない
ごみ出し	・分別する(缶やビンのリサイクル) ・生ごみの水をよく切り捨てる（省焼却エネルギー） ・生ごみを土に埋めると肥料になる

2　5年生「ごはんとみそ汁の調理」の指導
　　　■伝統・文化を重視した指導
　　　■基礎力の定着と活用力を育てる指導

◆本学習指導の概要

　「米飯とみそ汁」の題材は，食の多様化が進む現状を踏まえ，「伝統的な日常食」としての価値を明確にして指導することが求められている。「ごはんとみそ汁」の題材を5年で指導する場合は，調理の基礎・基本の定着に主眼をおいた学習，6年では栄養バランスを考えた一食分の献立を考えさせる発展的な学習（授業例3）が適している。ここでは基礎力の定着を図り，家庭での実践力，活用力を付ける5年の学習例を示す。

　　　　　　　　　　　　　　　　　　　　　　　　　指導者○○○○
1．日時・場所　　平成○年○月○日　第○校時　　調理実習室
2．学年・組　　　第5学年○組
3．題材　　　　　「おいしいごはんとみそ汁をつくろう」
4．題材の目標
　・米飯とみそ汁に関心をもち，おいしく作ろうと意欲を持って取り組む。
　　　　　　　　　　　　　　　　　　　　　　　　　（関心・意欲・態度）
　・おいしい米飯とみそ汁の作り方について考えたり工夫したりしている。
　　　　　　　　　　　　　　　　　　　　　　　　　（創意工夫）
　・作り方の要点をおさえて米飯とみそ汁を作ることができる。　（技能）
　・米飯とみそ汁の調理上の特徴を知り，炊飯の仕方，みそ汁の作り方を理解している。　　　　　　　　　　　　　　　　　　　　（知識・理解）
5．指導計画（全8時間）
　第1次　毎日の食事を振り返ろう
　　　第1時　1日の食事を調べ，気付いたことを話し合う
　　　第2時　食べたものの材料や主食とおかずについて知る

第3章　小学校家庭科の授業づくり

　　第2次　おいしいごはんとみそ汁を作ろう
　　　　第3時　おいしいごはんの炊き方を知る
　　　　第4時　ごはんを鍋で炊いてみよう
　　　　第5時　おいしいみそ汁の作り方を知る
　　　　第6時　みそ汁を作ってみよう（本時）
　　第3次　家族にごちそうしよう
　　　　第7時　家庭で作る計画と楽しく食事をする工夫を考える
　　　　第8時　家庭の活動を報告しよう

6．題材について
〈教材観〉
　わが国では古くから米飯を主食として，みそ汁と組み合わせて食べてきた。しかし現代では家庭で炊いたごはん，だしをとった実だくさんのみそ汁が食卓にのる回数が減ってきている。"わが家の味"の代表であったみそ汁も，今ではインスタントのものが広く出回っている。本題材ではごはんとみそ汁を改めて見つめなおして，日本の食文化の知恵や良さに気付き，調理できるようにすることをねらいとしている。作り方の基礎的・基本的な知識や技能を確実に身に付けることで，学習したことを日常生活で活用できる力へとつなげたい。
　ここでは鍋とガスで米を炊くようにする。硬い米が，水と加熱でやわらかいごはんになる過程を観察することができる。学習内容としては，洗い方，水加減，吸水時間，加熱の仕方（火加減），蒸らし方などがある。またみそ汁は，実，みそ，だしの種類によって多くのバリエーションがある。作り方も地域や家庭によって同じではないが，調理科学にもとづいた基本的な作り方を知った上で工夫していくことも教えたい。家庭での実践により学習の定着や家族との触れ合いが生まれ，家庭生活をよりよくしようとする意欲につながるだろう。
〈児童観〉
　児童はこれまでの学習で，食事の大切さや，調理用具の使い方や安全と衛生に気をつけて作業することを知り，ゆでたり炒めたりの調理法を学習している。1学期の学習をきっかけにお手伝いを継続している児童も多いが，調理につい

ては家庭で積極的に取り組めていない児童が多いようである。
〈指導観〉
　第1次では，家庭での食事調べを通して，子どもたちそれぞれに自分の食生活を振り返らせる。一食分の食事の中で主食（ごはんやパン）とおかず（魚・肉，野菜など）を食べていることや，どのようなおかずを組み合わせているかなど，自分の食事に関心を持たせたい。
　第2次では，ごはんとみそ汁の調理における<u>基礎力の定着を図る</u>ために，次のような指導を取り入れる。
① すべての児童がご飯とみそ汁の調理に携わることができるように，ご飯とみそ汁は同じ時間に作らずに，それぞれ別々に作り方の学習と実習の時間を設定する。
② 作り方の学習では，おいしく作るための要点を取り上げ，児童に理由を考えさせることで理解を深める。また調理の方法について経験の少ない児童でも理解できるように，詳細まで明確にしておく。
③ 実習では2人1組（ペア）で，作り方の要点を一つずつ確認しながら作業に取り組むことで，技能の定着を図る。
④ 試食も学習の一環として，作り方が適切であったかを確認するという課題を持って行うようにする。
　第3次では，<u>活用力を育てる</u>ために次のような指導を取り入れる。
① 家庭での実践を"声かけ"で終わらせず，学習の一環として位置付ける。
② みそ汁の実は実習で使った（じゃがいも，わかめ，ねぎ）以外のものも使うようにし，学習したことを応用して適切な調理法を考えさせる。
③ 家庭での実践後，さまざまな気付きを出し合って交流させる。また家族からも感想をもらい，満足感や次への意欲につなげるようにする。
④ 学習が終わってからも，生活の中で実践できているか継続的に確認したり，他の学習の中でも取り上げたりする。
7．本時の学習（全10時間中の6時間目）
　　「みそ汁を作ってみよう」

（1）本時の目標

・積極的にみそ汁の調理に取り組もうとしている。（関心・意欲・態度）
・学習したことを生かして手順よくおいしいみそ汁を作ることができる。
　　　　　　　　　　　　　　　　　　　　　　　　（技能）（知識・理解）

（2）本時の展開

区分	学習活動	指導上の留意点・支援	評価
導入	○実習計画と要点を確認する。 ・身支度と手洗いをして，必要な用具と材料を確認する。	○本時の学習課題の確認 ○前時に作成した実習計画とワークシートを確認させる。 （手順を書いた紙を黒板に貼っておく）	
展開	ペアでおいしいみそ汁を作ろう ○調理する ・鍋に煮干と水を入れる ・実を洗ったり切ったりする ・だしをとる 　鍋を火にかける 　だしが出たら火を止める 　煮干をすくい取る ・実（じゃがいも）を入れて煮る ・みそを入れる 　みそこし器でみそを溶く ・わかめ，青ねぎはみその後に入れる ○盛り付ける ○配膳する	○各項目を確認したらワークシート（ア）〜（コ）に○を入れるように伝える。 ・煮干の下処理について確認させる（ア） ・水の分量を量るように指示する。（イ） ・実の切り方について確認させる（ウ） ・火の扱いに気をつけるよう声をかけるだしが出ているかを確認させる（エ） ・煮干は入れておいてもよいと伝える ・実を入れる順番を確認させる（オ） ・みその量（カ），入れるタイミング（キ），入れ（溶き）方（ク）を確認させる ・みそは全部一度に入れず，味を見ながら加えるように声をかける ・火を切るタイミングを確認させる（ケ） ・煮立てないように声をかける ・おいしそうに見える盛り付けと伝統的な配膳を確認させる（コ）	積極的に調理に取り組める（関） [観察] 学習したことを確認しながら適切に調理できている（知）（技） [観察，ワークシート]

第3節 「日常の食事と調理の基礎」の学習

	○試食する	・だしが出ているか，辛さ，実の煮え具合などを確認するように伝える。 ・姿勢やはし，器の持ち方などが適切か注意を促す。	
	○後片付けをする	・全員が取り組むように声をかける。	
まとめ	○宿題を聴く	・後片付けの確認をする。 ・試食で確認したことや実習で気付いたことを家で記入してくることを伝える。	

【ワークシート　例】

	おいしいみそしるの作り方ポイント 氏名（　　　　　　　　　　　　）			
	項目	おいしい作り方の要点 理由も考えよう！	実習中の確認	これでよかったかな？ （確認・気付き）
ア	煮干の下処理		○	
イ	水の分量			
ウ	実の切り方			
エ	だしをとる			
オ	実を入れる順番			
カ	みその分量			
キ	みそを入れるタイミング			
ク	みその入れ方			
ケ	火を消すタイミング			
コ	盛り付け方と配膳			

第3章 小学校家庭科の授業づくり

③ 6年生「栄養を考えた食事」の指導
■食育の推進をねらった授業例

◆本学習指導の概要

　食育推進のため食生活に関する内容の充実が求められており，指導における一層の工夫と確実な積み重ねが必要である。本題材は，2年間の家庭科での食の学習のまとめとして，児童自身が1食分の献立を作成し調理するという学習である。ここでは，学習の深まりや広がりを持たせるための指導の工夫と，指導計画及び評価計画を示す。

1．題　材　「1食分の食事を考えよう　―地域の食材を使って―」
2．指導について
　わたしたちの食生活はたいへん豊かになった反面，さまざまな問題を呈している（今日的課題109頁参照）。食べたいものを手間ひまかけずに簡単に手に入れることができる今日，児童たちが健康に配慮して食を選択することの大切さや，自分の手で調理する価値を理解し，実践する力を身に付けてほしい。
　本題材はこれまでの学習で得た知識や技能を生かして，各自が作成した1食分の献立について検討する。その学びをもとに，地元の食材を使った献立を班で作成して，みそ汁と野菜を使ったおかずの2品を調理するという学習である。決められた献立や調理法でなく，自分たちで考えた献立，作り方で調理実習をすることで，工夫する力や応用する力を養いたい。学習内容を深めるため，以下のような指導の工夫を取り入れるようにする。
（1）地元の生産物（特産品）や郷土料理などを取り上げる
　地元で作られている生産物に注目し，その利点（新鮮，安全，低価格，高栄養）を知り，地産地消の意義を理解することは消費者教育につながる。指導にあたっては，社会科で学習したことを思い出したり，調査に行ったり（（3）参照），インターネットで調べた上で，地元の旬の野菜を使ったみそ汁やおかずを考えさせる。なお生産の時期に配慮した指導計画を立てる必要がある。

（2）栄養士や栄養教諭とのティーム・ティーチング

　学校給食に携わる栄養士や，食に関する指導を目的として配置されている栄養教諭の協力を得ることにより，いっそうの学習効果が期待できる。この授業例では，給食の献立の工夫を聞いたり，栄養バランスの検討においては，栄養学的な知識や改善するための工夫を教えてもらうことで，学習を深めることができる。

（3）地域の人やゲストティーチャーの活用

　生産者や店の人に話を聞いたり，また畑を見学したり収穫を手伝うという体験により，食材や調理に関する興味・関心がたいへん高まる。総合的な学習の時間などと連携してこのような活動が取り入れるようにする。また調理のベテランである地域の方々に，アドバイザーとして調理実習に参加していただくことで，交流を深めながら，調理の技能を学ぶことができる。

（4）栄養バランスを理解するための教材・教具

　食品を3つのグループに分類することで栄養バランスを検討する学習の際，理解を助ける教材を工夫するようにする。この授業例では，分量の概念を少し取り入れることにした。薬味としてのねぎやスプーン1杯の牛乳も1品となるからである。そこで体内での3つの働きを黄・赤・緑の3色で，分量〈多い・普通・少量〉を大・中・小の大きさであらわす9種類のシールを用意して，配膳の絵（の各材料）に貼るという学習により理解を深めたい。今後は小学生でも栄養バランス検討にパソコンの活用が予想される。

（5）一食分の献立に料理の絵や模型を利用する

　通常の食事では，主になるおかず（主菜）に肉類や魚介類を使うことが多いが，小学校の調理実習では生の魚や肉を扱わないことになっている。卵や乳製品だけでは献立の幅が広がらず，また加工食品（ハムやウインナーや練り物）には食品添加物が使用されていることが多いので好ましくない。ここでは主菜は調理せず画用紙に書いておくようにした。また魚料理に関心を深めてほしいという理由から，主菜を魚料理に限定した。このように調理しないものを絵や模型で代替するという手法は，特に一食分の食事を考える学習で有効である。

3．指導計画（全9時間）と評価計画

時間	小題材（学習活動）	指導上の留意点 ★評価基準（観点）〔方法〕
\multicolumn{3}{}	第1次　食品の栄養について知ろう〈2時間〉	
1	給食の栄養バランスの検討をしよう ・使われている食材を体内での主な働き〈エネルギーになる〉〈身体をつくる〉〈調節をする〉の3つのグループに分け，ワークシートに記入する。 ・五大栄養素の体内での働きを復習する。	・最近の給食の献立で，分類しやすいものを何日分か取り上げるようにする。 ・1食の中で，3つのグループの食品が使われていることを確認させる。 ・五大栄養素の働きを，食品の3つのグループと結びつけて復習する。 ★食品を体内でのおもな働きで3つに分類できる。五大栄養素のおもな働きを理解している。（知）〔ワークシート・観察〕
2	給食の献立の工夫を聞こう ・話を聞いた後，感想を書き，発表する。	・栄養士の先生から，どのように給食の献立を作成するのか，栄養面，調理面，食材の選び方などの工夫を聞く。 ★給食の工夫を理解する（知）〔感想・発表〕
	第2次　1食分の献立を考えよう〈2時間〉	
3	マイメニューを考えよう ・これまでの学習を思い出し，1食の中で，栄養バランスが取れるように考える。 ・配膳された料理を絵に描いてくる（宿題）	・自分の好きな1食分の献立を考えさせる。 ・2皿以上で食材を7つ以上使うようにする。 ・わからないときは給食の献立表を参考にしたらよいと伝える。 ★食品をバランスよく組み合わせて1食分の献立を作ることができる。（創）（技）〔ワークシート〕
4	マイメニューを検討しよう ・配膳の絵にそれぞれの材料を書き込み，3色の大・中・小シールを貼る。 ・シールから，献立のバランスを検討する。 ・自分のメニューをさらにバランス良くするための改善の方法を考えて，ノートに書く。	・栄養教諭とT・Tで進める。 ・赤・黄・緑の3色の大・中・小の丸いシールを用意しておき，分量〈多い・普通・少量〉も考えて貼るように伝える。 ・3つの働きからだけでなく，6つの食品群の観点や，"まごはやさしい*"の食品を取り入れるようにすると，よりバランスが良くなることを伝える。旬のもののよさについても話す。 ★食品の分類や栄養バランス，改善の方法が理解できている。（知）〔教材・ノート〕

第3節 「日常の食事と調理の基礎」の学習

＊近くの市場へ見学に行き，旬の野菜を調べる。また店の人に料理法をたずねるという活動を総合的な学習の時間で行う。

	第3次　　地元の食材を使ったベストメニューを調理しよう〈5時間〉	
5	地元の食材を知ろう ・野菜やくだもの，魚介類には，旬があることや，地産地消の意味を知る。	・地元で生産されている生産物について調べたことをまとめてくる宿題を出しておく。 ・地元の旬の生産物の利点を知らせる。 ★地元の食材に関心を持つ（関）〔ノート〕
6 7	ベストメニューを考え，実習計画をたてよう ・班に分かれる。 ・今の時期に手に入る野菜を考え，それを取り入れたバランスのとれた献立（ベストメニュー）を考える。 ・2品を60分以内に調理する手順を考えて，実習計画表を作る。	・献立はごはん，みそ汁，主になるおかず（主菜），野菜を使ったおかず（副菜）として，主菜は魚料理とする。 ・みそ汁や野菜を使ったおかず（副菜）には地元の旬の野菜を1つ以上使うように指示する。 ・栄養職員さんから聞いた工夫を取り入れるように伝える。 ・実習では，みそ汁と野菜のおかずを作る。ごはんは炊飯器で炊く。魚料理は調理しないで画用紙に実物大で書いておくことを知らせる。 ・材料，調理法，手順等について改善箇所があれば助言する。 ★地元の食材を取り入れた栄養バランスのよい1食分の献立を立て，その中の2品の実習計画を立てられる。（技）（創）［計画表］
8 9	ベストメニューを調理しよう ・実習計画にそって調理し，配膳，試食，後片付けをする。 ・実習の感想を書く。	・各班で異なる調理内容なので個別に対応できるように前もって作り方などを確認しておく。 ・前時に作成した実習計画を確認させた上で，実習に入る。 ・安全と衛生に気をつけるように声をかける。 ・各班の配膳を写真に撮る。 ★手順よく調理や片付けをすることができる。（関）（技）［観察］
課外	家族に作ってあげよう	・主菜の魚料理にも挑戦するように伝える。 ・家庭へ協力を求める連絡をする。

＊『まごはやさしい』は食事に取り入れたい食品であるまめ類（特に大豆），ゴマ，わかめ（海藻類），やさい，さかな，しいたけ（きのこ類），いも類の覚え方である。

3　教材研究

(1) 食事の役割

　食べることは生きるために不可欠な行動である。私たちは毎日の食事で，さまざまな食物から多種類の栄養素を摂取して生命を維持している。食事の役割として，エネルギーの供給や体調を整えるという生理的な機能が主であるが，それに加えておいしさを味わうことや一緒に食べること（共食）による喜びなど精神的・社会的機能もある（表3-5）。これらは相互に関連しながら心身の健康をもたらす。偏食，過食，栄養バランスなど食事のとり方と，欠食，孤食や個食など食事のあり方の両面から，食事を大切にする姿勢を養いたい。

表3-5　食事の役割

生理的側面	栄養機能	生命を維持 成長・発達の促進 活動エネルギーの補給
	生体調節機能	病気の予防 体調を整える
精神的側面	感覚（嗜好）機能	嗜好による満足感 満腹による充実感
	社会的・文化的機能	家族のコミュニケーション 対人関係の円満化 文化の継承

　相手を思いやりながら楽しく食事をするための工夫として，マナーを身に付けることも大切である。食事のマナーとして以下のようなことに気をつけたい。

①あいさつ：食事ができることやそのために働いてくれた人たちに感謝の気持ちを込めて，手を合わせて「いただきます」「ごちそうさま」のあいさつをする。動植物の命をいただいていることにも心を留めたい。
②揃って食べる：みんなが席に着くまで，みんなの料理が揃うまで待つ。
③振る舞い：座って食べる。食事中に立ち歩かない。足を組んで座らない。ひじをつかない。テレビや携帯電話を見たりさわったりしながら食べない。
④姿　　勢：姿勢よく座る。お皿をテーブルに置いたまま顔を近づけて食べない。

⑤食べ方：音を出して食べない，口を閉じて噛む，口に入れたまま話さない。こぼさない。周りとの食べる速さを配慮する，残さずきれいに食べる。
⑥箸（はし）の使い方：正しく持つ。箸で食べ物を刺す，かき混ぜる，かき込む，箸先をなめるなどをしない。大皿料理は直箸でなく取り箸を使う。
⑦食器の扱い方；茶碗や汁物に使うお椀類は手で包み込むように持って食べる。食器同士やスプーンなどで音を出さない。丁寧に扱う。

（2）栄養を考えた食事

① 栄養素の種類とおもな働き

　人間が食物の中の成分を体内に取り入れて生命活動を営む現象を栄養といい，その成分を栄養素という。栄養素には炭水化物，脂質，たんぱく質，無機質，ビタミンがあり，これらを五大栄養素という。栄養素は体内でエネルギーの供給をしたり，身体組織を構成したり，生理機能を調節するものとして働く（図3-4）。これらの機能を果たすために，体内で行われている栄養素の分解や合成の反応過程を代謝という。

〈エネルギーの供給〉エネルギー代謝には，呼吸や血流，心拍，体温維持など生命を維持するために必要な基礎代謝と，歩いたり勉強したりさまざまな活動に使われる活動代謝がある。生命維持に不可欠であるエネルギーを産出する炭水化物，脂質，たんぱく質は三大栄養素と呼ばれる。

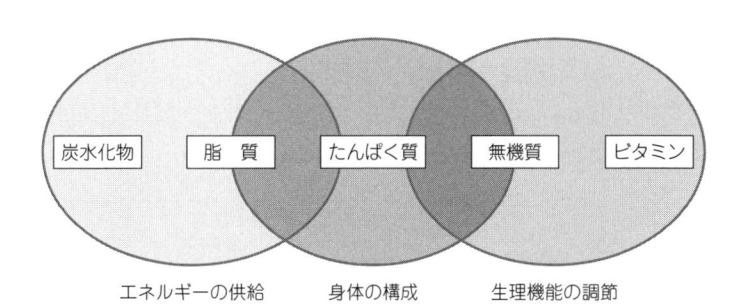

図3-4　五大栄養素の主な働き

〈身体の構成〉体の構成成分は年齢，性別，体型によって異なるが，約50〜70％を水分が占めている。水分は栄養素として分類されないが，生命維持に不可欠な構成成分であり，栄養素や老廃物の運搬，体温の調節などの働きをしている。水分を除く残りの大半をたんぱく質（筋肉など）と脂質（脂肪など）が占めており，その割合は個人差（特に肥満度）が大きい。無機質の含有量は体重の約4〜5％程度で，その半分程度がカルシウムである。炭水化物（糖質）は体内でわずか0.5〜1％ほどしか存在しておらず，余剰分は脂質に変わって蓄積される。

〈生理機能の調節〉ビタミンや無機質はそれぞれ微量であるが，補酵素の役割をしたり，神経や筋肉の機能や体液の調節をしたりする。体内で作れないものがほとんどで，食事から摂らないといけない。またたんぱく質は酵素やホルモンともなり生体の調節作用もある。

② 栄養素と多く含む食品

(1) 炭水化物

　炭水化物は，消化されエネルギーとなる糖質と消化されにくい食物繊維とに分けられる。糖質の主要なものは，主食であるごはんやパン（米や小麦粉），いも類などに多く含まれるでんぷんである（表3-6）。糖質は，体内で単糖に分解され，血糖（ぶどう糖）として筋肉や臓器など各組織に運ばれエネルギー

表3-6　主な炭水化物の種類と含まれている食品

分類		種類	多く含む食品
糖質	単糖類	ブドウ糖（グルコース） 果糖 ガラクトース	果物 果物，はちみつ 乳，ペクチン
	二糖類	麦芽糖（ぶどう糖＋果糖） 蔗糖（ぶどう糖＋ぶどう糖） 乳糖（ぶどう糖＋ガラクトース）	水あめ，いも 砂糖 牛乳
	多糖類	でんぷん（ぶどう糖が多数結合） グリコーゲン（ぶどう糖が多数結合）	穀物，いも 動物の肝臓
食物繊維	（水溶性）	グルコマンナン （ぶどう糖＋マンノースが多数結合） ガラクタン（ガラクトースが多数結合）	こんにゃく 寒天，さといも
	（不溶性）	セルロース（ぶどう糖が多数結合）	野菜

（1gあたり4kcal）として使われる。過剰のぶどう糖はグリコーゲンとして肝臓や筋肉に蓄えられ，その残りは脂質に合成され貯蔵される。野菜や海藻に多く含まれる食物繊維はエネルギー源にならないが，便通を整え，生活習慣病を予防する働きがあり，第6の栄養素ともいわれる。

（2）脂　質

　脂質には体内に貯蔵されてエネルギー源（1gあたり9kcal）となる単純脂質（脂肪）のほか，細胞膜やホルモンなどの成分になるものもある。脂肪は脂肪酸とグリセリンから構成されており，脂肪酸は，分子構造から，飽和脂肪酸と不飽和脂肪酸に大別される。不飽和脂肪酸には，体内で合成されない必須脂肪酸が含まれる。食品中の脂質の多くは単純脂質（脂肪）であり，肉類や魚，乳，大豆，穀類，種実類などに多く含まれており，それらから抽出したものを油脂として使用している。多く含まれている脂肪酸により体内での働きが異なる（表3-7）。

表3-7　食用油脂の分類と特徴

類		種　類	特　徴	
液体油 （Oil）	植物性油	大豆油，コーン油，オリーブ油など	不飽和脂肪酸を多く含む	・必須脂肪酸を含んでいる ・コレステロール過剰を予防する ・酸化しやすい
	動物性油	魚油		
固体脂 （Fat）	植物性油脂	パーム ヤシ油，カカオ	飽和脂肪酸を多く含む	・コレステロールを高める ・摂りすぎは動脈硬化の原因になる
	動物性脂	牛脂（ヘッド），バター，豚脂（ラード）など		

（3）たんぱく質

　私たちの体の組織はたえず新しいものと入れ替えられており，たんぱく質は体の構成成分としてたいへん重要な栄養素である。たんぱく質は約20種類のアミノ酸が鎖状に結合してできており，体内で消化され，アミノ酸に分解，吸収された後，筋肉や臓器，皮膚，骨，血液などそれぞれの構成成分に再合成される。約20種類のアミノ酸のうち体内で合成できない9種類を必須アミノ酸といい，それらの組成で栄養価がきまる。9種類の基準量をすべて充足している

(アミノ酸価100という）良質たんぱく質には，肉や魚，卵，牛乳など動物性食品が多いが，植物性食品の中で大豆のたんぱく質は栄養価が高い。

また体内のエネルギーが不足しているときは，エネルギー源（1gあたり4kcal）にもなるが，余剰分は脂肪となる。

(4) 無機質

人体を構成する元素のうち，有機物である炭素，水素，酸素，窒素を除いた必須元素を無機質（ミネラル）という。多種類の元素からなり，体組織を構成する材料となったり，生理作用に関与している。無機質の中で最も多く存在するカルシウムは牛乳や海藻，小魚に多く含まれるが，食品によって含まれている無機質は異なっており，偏食をしないで多種類の食品を摂ことが大切である。また，欠乏症だけでなく過剰症も起こしうるので，注意したい。（表3-8）

表3-8 主な無機物の働きと多く含む食品（△不足注意▼過剰注意）

元素	おもな働き	多く含む食品
カルシウム△	骨・歯の成分（99%） 筋肉の収縮，神経の機能，血液凝固（1%）	乳・乳製品，小魚，海藻
リン ▼	骨や歯・リン脂質（細胞膜）の成分など	肉類・加工食品
カリウム	体液浸透圧・pH，の調節，筋肉の調節	野菜，果物
ナトリウム▼	体液浸透圧・pH，の調節	食塩，調味料 漬物，干物
塩素	細胞外―イオンとして浸透圧の調整	
マグネシウム	骨の構成（60%）筋肉の収縮，神経の機能	海藻，豆類，魚
鉄 △	ヘモグロビンの構成成分（70%）	肝，緑黄色野菜
亜鉛，銅，ヨウ素，マンガン，セレン，クロム，コバルトなど		

(5) ビタミン

ビタミンは，健康保持のために欠くことのできない有機化合物で，代謝を促進したり，生理作用を調節したりする働きがある。人体に必要なビタミンは13種類とされており，脂溶性ビタミンと水溶性ビタミンがある（表3-9）。食品の分類では，ビタミンを多く含む食品は野菜や果物としているが，ビタミンの種類により動物性食品や穀類，いも類などいろいろな食品に多く含まれている。ビタミンA，C，Eには抗酸化作用がありがん予防などに効果がある。

第3節　「日常の食事と調理の基礎」の学習

表3-9　主なビタミンの働きと含まれる食品

	名　称	主な働き	多く含む食品
脂溶性	ビタミンA	成長促進，視力・粘膜の健康	バター，牛乳，緑黄色野菜
	ビタミンD	カルシウムの吸収促進	魚類，卵黄，きのこ類
	ビタミンE	脂質の酸化防止，老化防止	植物性油脂，胚芽，豆類
水溶性	ビタミンB_1	糖質の代謝，神経の調整	豚肉，豆類，卵黄
	ビタミンB_2	発育促進，皮膚の保護	牛乳，卵，レバー
	ナイアシン	糖質・脂質，たんぱく質の代謝	肉類，魚類，卵，穀類
	ビタミンC	傷の治癒，感染症・老化の予防	野菜，くだもの

③　食品の栄養的な特徴と献立作り

　1つの食品にはいろいろな栄養素が含まれているが，多く含まれている栄養素やその主な働きにより食品を群に分類することにより，栄養バランスを考える際の目安になる。食品群には分類の方法により3色食品群，4つの食品群，6つの基礎食品群があり，小学校では，多く含まれている栄養素の働きにより，「おもにエネルギーのもとになる」「おもに体をつくるもとになる」「おもに体の調子を整えるもとになる」の3つの食品グループから食事の栄養バランスを考え，どのグループも取り入れるようにすることでバランスの良い1食分の献立を考えられるようにする（表3-10）。献立を考えるときは，さらに調理法や

表3-10　3つの働きによる食品のグループ

3つの働きによるグループ	おもにエネルギーのもとになる		おもに体をつくるもとになる		おもに体の調子を整えるもとになる	
3色食品群	黄群		赤群		緑群	
多く含まれる栄養素	炭水化物	脂質	たんぱく質	無機質（カルシウム）	ビタミン（カロテン）（C）	
6つの基礎食品群	5群	6群	1群	2群	3群	4群
	穀類，いも類，砂糖類	食用油脂類	肉，魚，卵，大豆，牛乳	小魚，海藻乳・乳製品	緑黄色野菜	その他の野菜，果物，きのこ
献立作成	主　食		主なおかず（主菜）		補うおかず（副菜）	

調味（味付け）も考慮することで，味に変化をつけることができ，同時に塩分や脂肪の過多も避けられる。また色どりを考えることは外観だけでなく，栄養バランスをとることにもつながる。

(3) 調 理

① 調理の目的と方法

　調理の目的は，食品を①衛生的・安全にする（安全性）②消化・吸収を高める（栄養）③おいしくする（嗜好性）ことにある。そのために食品の特性に応じた操作を加えることが必要である。加熱により，ほとんどの食品成分が化学的・物理的に変化することから，加熱操作は調理の中心といえる。一般的な調理操作（表3-11）の中で，小学校家庭科で習得したい調理操作を太字で示す。このほかに，調味，盛り付け，配膳，後片付けなどもできるようにしたい。

表3-11　調理操作の分類

分類		操作	具体的内容		温度(℃)
非加熱操作		計量・計測	計る（材料・調味料・水・時間・温度等）		（常温）
		洗浄・浸漬	洗う，漬ける　（吸水・軟化・膨潤化）		
		切断・磨砕	切る，むく，おろす，つぶす，する		
		混合・攪拌	混ぜる，和える，泡立てる		
		圧搾・濾過	こねる，絞る，こす		
		冷却・凍結	さます，冷やす，凍らせる		低温
加熱操作	湿式加熱	煮る	調味液の中で加熱する	煮物	100
		ゆでる	多量の熱湯中で加熱する	お浸し	100
		炊く	米に水を加えて加熱する	米飯	100
		蒸す	水蒸気の熱で加熱する	茶碗蒸	80~100
	乾式加熱	焼く	直火や鉄板上，天火等で加熱する	ケーキ	100~300
		炒める	少量の油で高温・短時間に加熱する	炒飯	150~250
		揚げる	高温の大量の油の中で加熱する	天ぷら	150~200
		煎る	水・油を加えずに加熱する	煎り卵	
		誘導加熱	電子レンジ，電磁調理器で加熱する		―

② 調　理
（１）炊　飯

　私たちの主食であるごはんをおいしく炊くのは調理の基本である。米の主成分であるでんぷんは，生のままでは食用に適さないため，水とともに加熱することで糊化（α化）して味も消化もよくなる。今日では炊飯器を用いることが多いが，小学校家庭科では中の見える鍋で米からごはんになる変化を見ながら火加減を調節して炊くようにする。炊飯の調理工程を，表3-12に示す。

表3-12　炊飯の調理

①計　量	米や水の計量には重量と体積がある。体積の場合，炊飯では今でも合（1合＝180cc）を使うことが多いが，カップ（1C＝200cc）と混同しないようにする。
②洗　浄 （水洗い）	表面についているぬかやごみを除く。一方でビタミンB群などの水溶性成分の損失は免れない。水の白濁は米のでんぷんの流出によるもので，3～4回程度の水洗いで充分である。（水洗による吸水量約10％）
③加　水 （水加減）	水の量は米の種類，乾燥状態，新古米，また好みなどにより異なるが，米の重量の1.4～1.5倍，体積の1.2倍程度が標準とされている。
④浸　漬 （吸水）	水につけておくと，米粒が徐々に吸水，膨潤し，加熱時のでんぷんの糊化がよく行われる。夏で30分，冬で1.5時間くらいが好ましい。（吸水量20～25％）
⑤加　熱 （火加減）	米粒のでんぷんが充分糊化され，ふっくら炊き上げるためには火加減が大切である（図3-5）。時間は水温，気温，米量，火力等により異なるので，湯気や音を手がかりに火力の調節を行うようにする。 図3-5　ガスによる炊飯（火加減と時間の目安）
⑥放　置 （蒸らし）	消火後，ふたを取らずにそのまま放置することで，米粒の中心部の糊化を進め，周辺部と均一化される，芯までふっくらさせる効果がある。

（2）みそ汁

　みそ汁は出汁，みそ，具の組み合わせにより多種多様な味を作り出すことができる汁物である。出汁は，料理の旨みのもととなる。日本独特の天然だしとしてそれぞれの風味がある（表3-13）。みそは大豆を主原料とした麹による発酵食品であり昔から作られてきた日本人に欠かせない調味食品である。みその種類には表3-14のようものがある。実としてよく使われるものとしては，根菜菜，いも類，きのこ類，豆腐，油揚げ，わかめ，貝類などがある。水気の強い材料は汁の持ち味を阻害するので，下ゆでなどをしておく方がよい。

表3-13　出汁によく使われる食品

種類	旨み成分	所在
煮干 かつお節	イノシン酸	動物性食品
昆布	グルタミン酸	植物性食品
干ししいたけ	グアニル酸	きのこ類

表3-14　みその種類

麹による分類	米みそ	大豆＋米麹
	麦みそ	大豆＋麦麹（田舎みそ）
	豆みそ	大豆のみを主原料
	調合みそ	上記のみそを混合した
色による分類	白みそ 淡色みそ 赤みそ	色の違いは 温度，醸造期間，麹の量，大豆を煮るか蒸すかなどによる
味による分類	甘みそ 甘口みそ 辛口みそ	味の違いは 食塩の量，大豆に対する麹の割合などによる

（3）ゆで卵

　ゆで卵は鍋で茹でるだけの簡単な調理法で作れるが，固まり具合の調節やひび割れ，むきにくいなど上手に作るのは難しい。

　新鮮な卵の白身には二酸化炭素が多く含まれていて，加熱すると膨張して，白身が卵殻膜に張り付いてむきにくくなる。むきやすくするためには，①新鮮でない卵を使用する，②加熱前に卵のとがっていない方に小さな穴をあけるか，こつんと叩きつけてごく軽くひびを入れる，ことが有効である。これにより加熱中の割れも防止でき，また食感もたいへん良くなる。

参考文献

　五十嵐脩編『最新栄養学　改訂版』実教出版，2010年

加藤陽治・長沼誠子『新しい食物学』南光堂，2010年
田中葉子・村田光範・福岡秀興・鈴木正成『NHKスペシャル　それでも「好きなものだけ」食べさせますか』日本放送出版協会，2007年
村山篤子『調理科学』建帛社，2007年

（大塚眞理子）

第3章　小学校家庭科の授業づくり

第4節　「快適な衣服」の学習

1　今日的課題と学習のねらい

　衣服は私たちの生活に欠かせないものである。私たちはほとんど一日中何らかの衣服を着て生活している。着心地がよいと感じるのは，衣服によって外界とは異なった気候（被服気候という）が皮膚と下着との間にできることによる。快適な衣内最内層の気候は，衣内温度が32±1℃・湿度50±10％・衣内気流25±15cm／秒である。それとともに皮膚が受ける圧力や肌触りが関係する。また住環境とも関係する。私たちは快適に過ごすために衣服を選び，着装の工夫をして生活している。現在私たちの周囲には多種多様の衣類が存在している。これは化学繊維の発明と既製服産業の拡大から大量生産が可能になり，外国からも輸入され，簡単に購入できるようになったためである。1940年代以前は和服が中心で，戦後洋服が主流になっても家庭で縫製されることが多く，大切に着られていた。既製服が簡単に手にはいる現在では，衣服を大切にする気持ちが薄れ，消耗品として買われ，廃棄されるようになった。

　しかし衣服の生産には原料もエネルギーも多く必要であり，廃棄を含めて大きな環境問題になっている。このことから長く利用できる衣服を適切に購入し，大切に扱うようにする必要がある。利用しなくなった繊維製品はゴミと考えず，そのまま使う（リユース），別の物に作り直す（リフォーム），他の製品に再生する（リサイクル）を考えるようにしたい．

　和服はわが国の季節風土や生活様式に合わせて発達してきた民族服である。反物（幅36cm長さ11m余）を直線的に裁断し，縫い合わせてつくる。形や寸法がだいたい決まっていて，ゆとりが多く，同じ寸法のもので，一般の人が着ることができる。反物は綿・絹・麻などの天然繊維を織って作られ，地方特有

第4節 「快適な衣服」の学習

の染め，文様，刺繍に職人技が生かされ，長く愛用されてきた。洗い張りや縫い直しが可能で傷むまで利用でき，折りたためるので収納にも場所をとらない。和服中心の時代には縫うことは生活に必要不可欠であり，縫い物の場は家族の楽しみや団らんの中心になってきたといえる。

かつては実用品であった和服や帯であるが，現代では日本舞踊，能，歌舞伎などの日本の伝統芸能や冠婚葬祭など特別な時や場で日本文化を代表する衣装として着られるようになっている。

小学校「快適な衣服」の学習では身近な衣生活をよりよくしようと工夫する能力と実践的な態度を育てることを学習のねらいとしている。ここでは衣服の着用と手入れや収納など衣服の管理を中心に扱う。

まず，衣服の着用では，衣服の働きを理解させながら，衣服に関心をもたせ日常の生活場面に応じて快適な衣服の着方が工夫できるように指導する。衣服の働きについては，衣服の着用により体温が調節でき，暑さ寒さや雨風を防ぐことができ，肌着で汚れを吸い取り皮膚を清潔に保つとともにほこりや害虫，けがから身を守るといった保健衛生上の働きと，運動や作業をしやすくする，安全に活動できる，休養しやすくするといった生活活動上の働きがある。このような衣服の働きを学ぶことにより，児童が自分たちはなぜ衣服を着るのか，どのように着ればいいのか，について関心をもち，こうしたことを意識しながら生活していくよう指導していく。

また，気温や季節の変化による着方等の違いを考え，冬は暖かく，夏は涼しい着方を工夫する能力をはぐくむために，遠足や宿泊学習における具体的な場面を想定して，児童が気象条件や活動内容に合わせて主体的に衣服を選ぶ活動を取り入れる。そして，ここで考えたこと，工夫したことを発表させ，評価し合うなどの機会を設けることにより学習の幅を広げる。

次に，衣服の手入れ，収納など衣服の管理については，小学生の時期に自分の衣服を管理する習慣を身に付けることは，これからの人生を快適に過ごす上で大切なことである。衣服を着替える時に洗濯するものは出しておく。衣服の種類によって決めていた場所に片づける。たたんでおくものはたたんで整理し

収納する。コートや上着などはブラシをかけてハンガーに吊し片づけるといったことの習慣をつけさせたい。衣服を着用し続けていると汚れが付着したり，ボタンが取れたりしてくる。そのため特に日常着は手入れが必要となることを理解させ，洗濯とボタン付けができるよう実習を中心に指導する。

　洗濯の実習にあたっては，手洗いと洗濯機洗いがあることを教え，手洗いを中心に学習させる。衣服の中から手洗いに適したものを調べ，洗濯するものを決める。たとえば帽子，ハンカチ，靴下，Tシャツ，ブラウスなどである。洗濯するものの汚れを観察する。洗剤の正しい使い方，手洗いのいろいろな方法を学ばせる。なお，家庭での洗濯には水を使うから，学習の際には節水を意識すること，汚水が排水されること等の問題にも触れ，家庭での洗濯の頻度について考えさせることに配慮したい。

　次に，ボタン付けについては，ボタンは衣服をきちんと着る上で非常に役立っている。丈夫に縫いつけてあっても，使用頻度が高く取れることが多いので着替えたときに脱いだ衣服をよく見て，ボタンや破れを点検することを教える。ボタンの付け方をしっかり身に付けさせ，取れかかっているときはすぐ付け直すことを習慣づける。ボタン付けの実習，たとえば，綺麗な小型のタオル地のハンカチにいろいろなボタンを付け乳幼児が喜ぶおもちゃを作るというような楽しい学習も考えられる。

　「快適な衣服」の学習では衣服の着用や管理の他に次の視点をとり入れたい。それは，主体的に生きる消費者をはぐくみ，環境に配慮したものの活用を指導する視点である。現代では，衣服を作ることが少なく，購入することが多いから，児童に衣服の選び方や買い方，環境に配慮したものの活用などを指導する。

　まず，家庭にある衣服や繊維製品に関心をもって，衣服にはどんな繊維が使われ，どんな特徴をもっているかについて実物によって学習させる。そして，衣服を購入する際には，ファッションのみにとらわれず，機能をよく考え，組成表示や取り扱い絵表示を見て，自分に似合う着心地のよい衣服を選び，大切に長く使うように指導する。

　学習したことを生活に生かし，家庭生活を大切にする心情をはぐくむために，

家庭の協力を得ることが大切である。家族の役に立ちたいと自ら考えて実践したことが認められ、ほめられることによって、楽しさや達成感を味わうことができる。こうしたことから、自分のことは自分でするようになり、さらに家族のためにできることを考え、積極的に役割を果たすようになると考えられる。

2　授　業　例

1　6年生「衣服の着用と手入れの授業」の指導
　　　　■環境に配慮した指導

◆本学習指導の概要
　児童の衣生活への関心を高め、衣服の働きを知り、季節に応じた衣服の着方、夏は涼しく、冬は暖かい日常着の着方を学習する。また日常着を健康的に清潔に気持ちよく着ることについて、どのような手入れが必要かを学習する。手入れの一つである洗濯については、実際に手洗いして家庭生活の中でも生かしていくよう指導する。

　　　　　　　　　　　　　　　　　　　　　　　　　指導者　　○○○○

1. 日時・場所　　平成○年○月○日　第○校時　　家庭科室
2. 学年・組　　　第6年1組（在籍30名）
3. 題材　　　　　気持ちよい衣服を着るための衣服の手入れ
　　　　　　　　　―運動会に着た衣服を洗濯しよう―
4. 題材の目標
・日常着の衣服に関心をもち、気持ちよく着るための手入れや着方を工夫しようとする意欲をもつ。　　　　　　　　　　　　　　　　（関心・意欲・態度）
・日常の衣生活を見直し、気持ちのよい着方や望ましい手入れの仕方について工夫する。　　　　　　　　　　　　　　　　　　　　　　　　（創意工夫）
・気温や季節の変化、生活場面に応じて日常着を選択したり、衣服にあった手

入れができる。　　　　　　　　　　　　　　　　　　　（知識・技能）
・衣服の働きを知り，衣服の着方や手入れの仕方が分かる。　（知識・理解）

5．指導計画（全7時間）

第1次　気持ちよく着る工夫をしよう
　　第1時　衣服の働きや着方を考える。
　　第2時　気持ちよく着るための手入れとその工夫を考える。

第2次　運動着を手洗いしよう
　　第3・4時　手洗いの計画と実習（本時）

第3次　生活に生かそう
　　第5時　洗濯の工夫を話し合う。
　　第6時　ほかの手入れ（しみ抜き，漂白，のり付けなど）についても知る。
　　第7時　家庭で実践しよう。

6．題材について

〈教材観〉

　本題材では，衣生活に関心を持ち，日常着の快適な着方を工夫できるとともに，衣服の手入れの必要性に気付き，日常生活で快適な衣服を整えることができるようにすることがねらいである。

　衣服には保健衛生上や生活活動上の働きがあり，気候や生活場面にあわせて着用することにより快適に過ごせることを理解させる。また清潔な衣服を身につけることは快適さだけでなく，健康にも関わっており，適切な手入れは衣服を長持ちさせることにもつながる。手洗いによる実習を通して，洗濯の仕組みや手順を理解させるとともに，衣類や汚れに適した洗濯の方法や工夫について考えさせたい。さらに環境への配慮から洗剤と水の量を意識させるようにする。そして洗濯機を使うより，部分的な汚れに対応でき，節水や時間短縮ができるという手洗いの長所も理解させたい。清潔な衣服を着用することの大切さを知り，家庭でも自分のものを手洗いすることや，家族のものを洗濯機で洗うなどの実践につなげたい。

〈児童観〉

　児童は自分の衣服やおしゃれには関心は高いが，手入れについては関心が低い。また洗濯物を干したりたたんだりというお手伝いをしている児童はいるが，洗濯の経験はほとんどなく，親任せにしている者が多い。洗濯機による洗濯が日常的であるため，洗濯は簡単，工夫することがないと考える児童が多いようであるが，手洗いには強い関心を示し，意欲的である。

〈指導観〉

　第1次では導入として，いろいろな生活場面や季節に応じた衣服の違いから，衣服の働きや着方を考える。また洗濯や衣服の手入れについて家庭で調べたことを発表し，衣服を大切に気持ちよく着るための工夫について話し合う。

　第2次では，手洗いの計画と実習を2時間続きで行う。運動会で着用した衣類（体操服上・下，帽子，くつ下，運動靴）の中から一つを児童に選ばせ，種類別に8班に分ける。実習計画では，衣類に適した手洗いの手順と具体的な方法をワークシート（実習計画と観察表）に書き込ませる。予洗の必要性や，洗剤の種類（合成洗剤と粉石けんの違い），洗剤は一定量を超えても汚れの落ち方は変わらないことなどを伝えるようにする。引き続き実習を行う。洗剤は適量を溶かして使っているか，汚れに適した洗い方（押し洗い，もみ洗い・振り洗いなど）をしているか，水を無駄にしていないかなど注意を促す。他の班を観察させ，実習の幅を広げる。

　第3次では，実習を振り返り，汚れの種類に適した洗い方，洗剤の使い方，干し方などで気付いたことや，洗濯機による洗濯で生かせる工夫などを話し合う。さらにしみ抜きや漂白の方法，のり付けやアイロンかけといった手入れについても学習することで，家庭生活で快適な衣服を整える実践力を高めたい。

7．本時の学習（全7時間中の3・4時）

「運動着を手洗いしよう（手洗いによる実習計画と実習）」

（1）本時の目標

・洗濯の基本的作業や手洗いの手順が分かる。　　　　　　（知識・理解）

・汚れに合った洗い方を工夫して，汚れを落とすことができる。（生活の技能）

第3章　小学校家庭科の授業づくり

(2) 本時の展開

	学習活動	指導上の留意点	評価
導入 10分	○前時の振り返りをする。 ・衣類の種別に8班に分かれる。 ○衣類に合った洗濯の仕方を調べる。	○洗濯の工夫について思い出させる。 ○品質表示，取り扱い絵表示の見方を伝える。	
展開 70分	上手に洗濯するための方法について考えよう。 ○汚れの種類や付き方を調べる。 ○衣類に適した手洗いの手順を計画表に書き込む。 ・汚れの状態 ・洗濯物の種類と重さ ・洗剤液の量（洗濯物の10～15倍） ・洗剤の種類と量 ・洗い方 ・すすぎ（回数） ・干し方 洗濯物に適した手洗いの実習をする。 ・準備〔身支度・用具〕 ・洗剤液を作る ・洗う ・すすぎ（ためすすぎ） ・脱水 ・干す	○洗濯ものの汚れの種類や付き方を観察させる。 ・水洗いで落ちる汚れもあり，予洗の働きを伝える。 ・洗剤の量による汚れの落ち方や水の量など，適正な量を使うことの大切さに気付かせる。 ・合成洗剤を使わずに，粉石けんを使うことを知らせる。 ・用具の使い方を説明する。 ・汚れに合った洗い方を考えさせる。 ・洗剤や水をむだにしないように注意を促す。 ・脱水に洗濯機を使う。 ・干す前に衣類のしわを伸ばして整えるように声かけする。	洗濯の仕方を理解している（知） 衣服の手洗いが適切にできる（技）
まとめ	・後かたづけをする。 ○実習の感想や気付いた事項をワークシートに記入する。	○感想や気付いたことをワークシートに記入させる。	

準備する物
①洗い桶②粉石けん③洗濯板④はかり⑤計量ます⑥靴用ブラシ⑦物干し竿⑧洗濯機

第4節 「快適な衣服」の学習

【ワークシート 例】

<table>
<tr><td colspan="3" align="center">実習計画と観察表
（　　）班　　名前（　　　　　　　　　　）
実習日（　　月　　日）　　　天気（　　　　　　）</td></tr>
<tr><td align="center">手順</td><td align="center">注意点と記録</td><td align="center">気付いたことや工夫したこと</td></tr>
<tr><td>洗濯する衣類</td><td>種類（　　　　　　）
重さ　（　　　　　g）
取り扱い表示</td><td></td></tr>
<tr><td>汚れの観察</td><td></td><td></td></tr>
<tr><td>洗剤</td><td>種類（　　　　　　）
量　（　　　　　g）</td><td></td></tr>
<tr><td>洗剤液</td><td>量（　　　　　ml）</td><td></td></tr>
<tr><td rowspan="2">洗い方</td><td>予洗</td><td>（水洗いした後の水の汚れ）</td></tr>
<tr><td>押し洗い・つかみ洗い・もみ洗い・ブラシ洗い・振り洗い</td><td></td></tr>
<tr><td>すすぎ</td><td>ためすすぎ（　　　）回</td><td>泡が消えるまで（　　　）回</td></tr>
<tr><td>脱水</td><td>時間（　　　）分</td><td></td></tr>
<tr><td>干し方</td><td></td><td></td></tr>
</table>

第3章　小学校家庭科の授業づくり

【ワークシート記入例】

季節や目的に合った着方の違いと工夫		
5年　　組　　名前（　　　　　　　　　　）		
夏		涼しい着方を考える例
^		① 通気性や吸湿性にすぐれている布地。薄地，綿，ローン，ガーゼ，麻など
^		② 全体的にゆったりしている。えりやそで口が大きくあいたもの
^		③ 熱を吸いにくい色，白や淡い色。涼しい感じを受ける色（寒色系）
^		④ Tシャツなど，汗を吸いやすい布地の服を着る。
^		⑤ 汗をかいたら着がえる。
^		⑥ 外に出るときには帽子をかぶる。
^		⑦ 身体をしめつけないもの
春		① 暖かくて，明るい感じのもの。カーディガンなどを着る。
^		② スラックスの布地や下着で調節する。
秋		① 落ち着いた感じの薄いもの
^		② 布地の薄い上着で調節する。
冬		① 保温性や吸湿性にすぐれている。
^		② おおう面積が大きい。えり口，袖口がつまっている。（保温性）
^		③ 熱を吸いやすい色（黒・紺）。暖かい感じを受ける色（暖色系）
^		④ 保温性のある布地，厚めの布，毛織物，皮製品がよい。
^		⑤ 重ね着をすることで服と服の間に空気の層ができ，保温できる。
^		⑥ 外出には，コートを着る。手袋をする。冬用の帽子をかぶる。
休養		① パジャマなどゆったりした服がよい。
^		② 寝ていると汗をかきやすいので，汗を吸い取りやすい布がよい。
運動		① 体操服・ジャージ　伸び縮みしやすい材質のもの
^		② 安全のために帽子をかぶる。
^		③ 適度なゆとりを持ったもの
外出		① 雨の時にはレインコート・傘・長靴

第4節 「快適な衣服」の学習

3　教 材 研 究

（1）吸水性を調べる実験

　布の種類によって，吸水速度が異なることを調べる。同一の繊維でも布地の織り方や加工の状態によって吸水速度が異なることを知る。試験片（2×20cm）を準備する。AまたはBで実施する。

A　綿・麻・ポリエステル・ナイロンなどの水の吸い上げ方を調べる。
B　綿による違い，ギンガム・ブロード・キャラコ・プリントを比較する。

準備する物　木枠　高さ25cm　色水を入れる器　色水
　　　　　　布　4種　綿・麻・ポリエステル・ナイロンまたは綿4種，
　　　　　　クリップなどおもりになるもの4個，がびょう，時計，定規，
方法　①　固定棒に布をつける。布の下端にクリップをつける。
　　　②　色水を入れた器に浸す。
　　　③　10分後に，水が昇った高さを測定する。

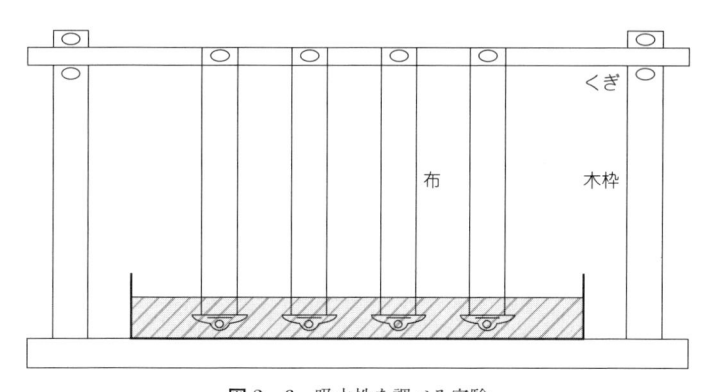

図3-6　吸水性を調べる実験

（2）被服の素材

　布は繊維をより合わせたもの（糸）を組み合わせ，平面上に構成したもので

表3-15 繊維の種類と特徴

分類		繊維名	特徴	
			長所	短所
天然繊維	植物繊維	綿	吸湿・吸水性がよい。水に強い。洗濯・漂白・染色が容易。	洗濯で縮む。乾きにくい。しわになりやすい。かびに弱い。
		麻	吸湿・吸水性が大きい。水分の発散が速く涼しい。水にぬれても強い。	しわになりやすい。伸縮性がなく手触りが固い。染色しにくい。
	動物繊維	毛	吸湿・吸水性、保温性がよい。伸縮性が大きい。染色しやすい。	ぬれると縮む。アルカリに弱い。白物は黄変してくる。虫害を受けやすい。
		絹	吸湿性が大きい。保温性大きい。しなやかで光沢があり手触りがよい。	アルカリに弱い。紫外線に当たると黄変し強度が落ちる。虫害を受けやすい。
化学繊維	再生繊維	レーヨン	吸湿・吸水性がよい。染色しやすい。絹のような肌ざわり。	ぬれると弱くなる。しわになりやすい。縮みやすい。
		キュプラ	吸湿性大きい。絹のような肌触り。静電気が起きにくい。	水にぬれると弱くなり、縮みやすい。しわになりやすい。
	半合成繊維	アセテート	絹のような風合いと光沢がある。ぬれても乾きが速い。	アルカリに弱い。摩擦に弱い。水にぬれると弱くなり縮む。
	合成繊維	ナイロン	軽い。引っ張りや摩擦に強い。しわになりにくい。かわきやすい。	吸湿性が小さい。紫外線に当たると黄変する。熱に弱い。
		ポリエステル	強い。しわになりにくい。乾きが速い。	吸湿性が小さい。静電気が起きやすくほこりがつきやすい。
		アクリル	毛に似た風合い。保温性が大きい。軽くて柔らかい。しわになりにくい。	吸湿性が小さい。静電気が起きやすい。毛玉ができやすい。熱に弱い。
		ポリウレタン	軽い。ゴムのように伸縮性に富む。ゴムより丈夫。	塩素系漂白剤に弱い。吸湿性がない。熱に弱い。

ある。布は、糸をたてよこにわたして織る織物で平織り、斜紋織り、朱子織りの三つの基本の織り方がある。編み物は1本の糸を絡ませたものでよこメリヤス・たてメリヤスがある。繊維には天然繊維と化学繊維がある（表3-15）。

　天然繊維には植物の種子毛（綿）や靭皮（麻）、繭（絹）、動物の毛などがある。化学繊維は石油や石炭などを原料としている。布の性能は、布の厚さや糸密度、組織や繊維の性質に左右される。被服材料の性能には長所、短所がある。短所を補うために、2種類以上の繊維を混ぜて糸をつくる混紡、2種類以上の糸を用いて布を作る交織や交編、化学物質を塗布するなど、いろいろな加工が

行われる。ハイテク繊維とは，高度な化学や技術を駆使したハイテクノロジーでつくられたものである。ポリエステル繊維で吸水すると伸長し，放水すると収縮する繊維，吸湿して発熱する繊維，光の反射と干渉により発色する繊維などが開発されて実用化されている。被服新素材の開発技術に関して日本は世界のトップレベルにある。

（3）洗濯の目的と方法

洗濯の目的は，衣服を傷めず，汚れを落とすことである。水を使う湿式洗濯（ランドリー）と有機溶剤を使う乾式洗濯（ドライクリーニング）がある。繊維製品の取り扱い絵表示や組成表示をよく見て洗濯する。洗濯には洗剤を使うことが多い。洗剤の主成分は界面活性剤であり，この働きで汚れが落ちる。このほか洗浄補助剤，酵素，蛍光漂白剤などが配合されている。洗剤には石けんと合成洗剤がある。合成洗剤には弱アルカリ性洗剤と中性洗剤がある（表3-16）。

表3-16 石けんと洗剤の特徴

種類		液性	原料	界面活性剤
石けん	石けん	弱アルカリ性	主に動・植物性油脂	主に脂肪酸ナトリウム
	複合洗剤			
合成洗剤	合成洗剤		主に石油	合成界面活性剤（AOSなど）（ASなど）
		中性		

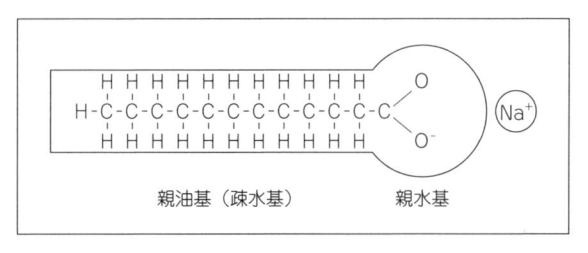

図3-7 界面活性剤の構造

（4）汚れが落ちる過程

　界面活性剤の働きで汚れが落ちる界面活性剤の分子は図3-7のような親油基と親水基からなる。汚れが落ちる過程は次のようである（図3-8）。

① 界面活性剤は，親油基を汚れの表面に向けて集まる。
② 界面活性剤は，浸透作用により汚れと繊維の間に入り込む乳化作用・分散作用によって，汚れは少しずつ水中に取り出される。
③ 汚れが繊維から離れる。
④ 再付着防止作用によって，汚れは再び繊維につかない。

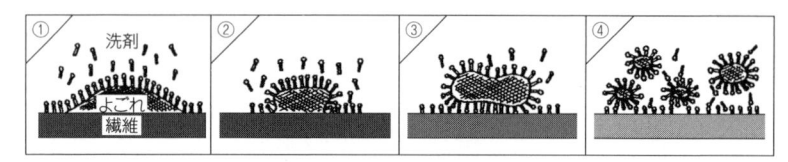

図3-8　汚れが落ちる過程

　「手洗い」は簡単で洗剤も少なく，手軽にできるので活用したい方法である。あまり汚れていない物，ウールやシルクなどは中性洗剤を使用し，手洗いが適している。汚れのひどい物は先に手洗いしてから洗濯機で洗う（表3-17）。

表3-17　洗濯の方法［手洗い］

	方法	衣服
弱い	振り洗い	絹・化学繊維など，薄地のもの，やわらかなもの
	押し洗い	セーターなど毛製品や厚地のもの，両手で衣類を容器の底に押しつけてはゆるめる。持ち上げ，また押しつけることをくりかえす。
	つかみ洗い	絹，化繊のブラウスなどやわらかい生地のもの軽くつかんでは放す動作をくりかえす。シルク，化繊のブラウスやワンピースなど柔らかい素材のものに適する。
強い	もみ洗い	丈夫なもの，色の落ちないもの，汚れのひどいものゴシゴシもむように洗う。ソックスなど布地が丈夫で色落ちしないもの。
	ブラシ洗い	平板の上に衣類を広げ，あらかじめ薄めた洗剤液をかけながら，布目にそってブラシで強くこする。スカート・ズボン

（5）保管と収納

　衣服の枚数が増えてくると，収納の工夫が必要である。

四季のある日本では，季節による衣類の入れ替え（衣替え）が必要である。また気密性の高い住居が多い現状では，風通しが悪くなったり，湿気を帯びることがあるので，衣服の長期保管に関しては，季節を問わずかびや虫害に対する注意が必要である。予防には洗濯をして汚れを落とし，よく乾燥してから収納することが大切である。押し入れやクロゼットの中のスペースを活用し，季節にわけて透明のプラスチックケース・段ボール箱にいれる。引出しを利用する場合，よく用いるものは手前に置いて，半分ぐらい引き出せばわかるようにし，靴下やハンカチなど，小さなものは箱に分けるなど工夫する。

　収納容器は，乾燥状態を維持し温度を一定に保つために，気密性の高い，気温や湿度の変化を受けないものを選び，除湿剤や防虫剤を効果的に使用する。保管場所は，日が当らず，気温・湿度が低く，通気性の良いところを選ぶ。ドライクリーニングを利用する場合には，取り扱い絵表示・品質表示を確かめ，ボタン・ほつれ・ポケット・しみを調べてから出す。返却後は包装ビニールを取り，日かげで干し，風に当ててから収納する。

　快適な衣生活を送るためには，着心地の良い，自分に似合う衣服を選び，大切に，長く着用するようにしたい。着用しなくなったものは，リサイクルするなどして整理して，保管しやすくすることが大切である。

参考文献
香川芳子『高等学校家庭総合』第一学習社，2002年
加地芳子『小学校新学習指導要領Q＆A家庭編』教育出版，1999年
加地芳子「２章　衣生活」貴田康乃編『教科専門家庭』佛教大学通信教育部，2003年
日下部信幸ほか『図解家庭科の実験・観察・実習指導集』開隆堂出版，1997年
中間美砂子他『新家庭基礎』大修館書籍，2009年
中間美砂子『小学校家庭科指導の研究』建帛社，2001年
文部科学省『小学校学習指導要領の解説』日本文教出版株式会社，2009年
『新編新しい家庭５・６教師用指導書　資料・ワークシート編』東京書籍

　　　　　　　　　　　　　　　　　　　　　　　　　　　（岩本光恵）

第3章　小学校家庭科の授業づくり

第5節　「快適な住まい」の学習

1　今日的課題と学習のねらい

　住まいは生活の器である。私たちが家庭生活を送る場であるにもかかわらず，あまりに身近であるためか，特に不便や生活問題を感じることがなければ日常意識されることは少ない。しかし，ひとたび火事や地震，洪水などの災害にあったり日照や騒音問題など生活環境を脅かされる事態に陥ったりすると，生命の危機や生活そのものの存続が危ぶまれ，あらためて住まいのありがたさを意識するとともに生存に不可欠な存在であることに気付かされる。また，生命を脅かすほどの危険がなく最低限の心身の健康維持が保障される場があったとしても，家族が快適に過ごす場としての機能を備え，生活の質を維持していく場であることが住まいには求められる。このように考えると，その存在が当たり前な住居や住生活についても，家庭科の学習の対象として位置付け，住まいにかかわる学習が必要である。
　我が国の住生活の問題は，第二次世界大戦による壊滅的な被害を受けた都市を中心に，住宅の絶対的不足が大きかった。戦後の復興とともに，都市には多くの労働者が地方から集まってきたが，これら労働者の住まいは決して質量ともに保障されているものではなかった。日本の住宅政策は持ち家志向に迎合し，社会基盤としての政策が後手にまわり，戦後半世紀以上たった現在でも借家の居住水準が低位に留まっている。それでも戸建て住宅だけでなく都市を中心に共同住宅が建設され，住宅の不足は徐々に解消されていった。
　次に問題となったのは住宅および生活環境の質である。1960年代に，工場から出される煤煙や排水が原因の大気汚染や水質汚濁が，周辺住民の健康被害をもたらした，いわゆる公害の発生である。また，輸送の増大による道路周辺の

第5節　「快適な住まい」の学習

騒音問題も発生した。高度経済成長期には，多くの住宅が建設され数の上では整備が進んだが，経済成長とともに生活環境の悪化という新たな問題に直面することになった。

　一方，住宅の内側でも変化が出てきた。戦後公営の共同住宅にDK（ダイニングキッチン）が導入され，食寝分離を中心とした住空間の近代化がはかられた。また核家族化やプライバシーの重視により公私室分離や個室の洋室化が進み，家族のつながり・親子のつながりの希薄化がもたらされた。経済的に豊かになるにつれ多くの電化製品や家財道具，身の回りの生活用品で住空間が占められるようになり，ますます住まいは狭くなってしまった。在来の木造住宅に代わって鉄筋鉄骨住宅やプレハブ住宅が増え，工法の改良により構造強化による安全性の確保や断熱効果などの住宅性能向上が脳卒中などの疾病の減少に貢献したが，住宅の気密化が進み，換気不足と化学薬剤処理の建材が原因のシックハウス症候群など新たな健康被害も見られるようになった。

　最近では，東日本大震災や阪神・淡路大震災の教訓を受け住宅の構造だけでなく，地域と連携した防災のあり方や家具の固定・防災グッズの準備など安全な住まい方に関心がもたれている。また，高齢社会を迎え高齢者や障害者，幼児などに配慮した住まいのあり方も重要な課題である。一方，石油資源枯渇や地球温暖化の危惧に対する対処として，省エネルギーに配慮した住まい方への転換も現代的課題になっている。

　住生活における課題を戦後の生活の変化に即してみてきたが，小学校家庭科の住居学習は，戦後の指導要領確立期であるとされる昭和33（1958）年改訂では「C　すまい」，昭和52（1977）年改訂では「C　住居と家族」，平成元（1989）年改訂では「C．家族の生活と住居」，平成10（1998）年改訂では「（6）住まい方に関心をもって，身の回りを快適に整えることができるようにする。」，そして平成20年改訂では「C　快適な衣服と住まい」となっていて，小学校では昭和52年改訂以降，単独の内容構成とはなっていない。食物や衣服に比べ，住居がいろいろな生活を内包する空間であり，小学生が自分の身を置いている場ではあるが子どもにはとらえどころがなく，客観視できにくい対象

だからである。また，具体的操作ができる食物や衣服の教材に比較して，住居は小学生自身が手を下せる教材が少ない。このような学習内容の特徴から，「すまい」という単独の内容構成ではなく『家族の生活の場としての住居』というとらえ方で「住居と家族」「家族の生活と住居」として設定されてきた。平成20年改訂では「衣服」と一つのまとまりで構成されることになった。人体を覆うもの（衣服と住まい）という共通性で，「人間を取り巻く環境を快適に整える」学習としてくくられている。このように見てくると，小学校での住まいの内容は独立した扱いではなく，子どもの住まい認識を考慮し，家族や家庭生活を取り巻く場（環境）としてとらえさせ，その環境を整える基本的な力をつける学習と位置づけられている。

　学習指導要領に示されている内容に注目してみると，住まいの学習は「Ｃ　快適な衣服と住まい」の（２）快適な住まい方の１項目である。その中には，「ア　整理・整頓や清掃の仕方」「イ　季節の変化に合わせた住生活，快適な住まい方の工夫」の事項が含まれている。学習指導要領の「２　内容の取り扱いと指導上の配慮事項」には（２）「Ｃの（２）のイについては，主として「暑さ・寒さ・通風・換気及び採光を取り上げること」と示されている。

　まず，「ア　整理・整頓や清掃」については，「整理・整頓や清掃の仕方が分かり工夫できること」となっており，整理・整頓や清掃についての理解に関する基礎的事項が明示されている。具体的には，児童が日常よく使う場所を取り上げ，学校や家庭での体験を基に清掃について見直し，なぜ汚れるのか，何のために清掃するのかを考えさせるとともに，床や窓などの汚れの種類，汚れ方に応じた清掃の仕方がわかり，状況に応じた清掃の仕方を考え工夫して適切な清掃ができるようにすることをねらっている。また，「イ　季節の変化に合わせた生活の大切さが分かり，快適な住まい方を工夫できること」にみられるように，特に季節の変化に合わせた生活の大切さについてふれ，昔と今の住まいを比べるなどの活動を取り入れて，冷暖房機器に依存する現代の生活を見直し，日光や風など自然の力を効果的に活用する方法について知り，健康の点からも自然を生かした住まい方の良さに気づき，「Ｄ　身近な消費生活と環境（２）

環境に配慮した生活の工夫」の学習とつながることも意図されている。なお、イの学習展開にあたっては、理科の第3学年、第4学年における日なたと日陰、空気と温度に関する学習内容や、体育科の第3学年及び第4学年における健康によい生活の学習内容と関連を図ると他教科での学習を生かすことができる。さらに、小学校の住まいの学習で取り上げるべき課題が変更になった。平成10年改訂では「暖かさ、風通し、明るさ」等からの選択であったが、現行では「暑さ・寒さ、通風・換気及び採光」をすべて取り上げるようになっている。これは、今回の改訂では、中学校との学習内容の重なりを見直し、快適な室内環境の整え方は小学校で、安全に重点を置いた室内環境の整え方は中学校で扱うものと段階整理されたからである。

2 授業例

1 6年生「季節に合わせた快適な住まい方」の指導

■自然と風土を意識した指導
■伝統・文化を重視した指導
■環境への配慮をした指導

◆本学習指導の概要

夏のくらしを題材に、内容C（2）「イ　季節の変化に合わせた生活の大切さが分かり、快適な住まい方を工夫できること。」について学ぶ全6時間の題材例「くふうしよう　さわやかな住まい方」を示す。

この題材では、とかく暑い夏を冷房機器に頼りエネルギーを多用して過ごしがちな現代の生活を見直して、伝統的な京町家のくらしに見る先人の知恵を地域のゲストティーチャーに学び、合わせて通風実験を通して自然の風がもたらす心地よさを体感し、機械だけに頼らず夏をさわやかに過ごす工夫を見つけようとする学習を意図している。

第3章　小学校家庭科の授業づくり

　　　　　　　　　　　　　　　　　　　　　　　　　　指導者○○○○○
1．日時・場所　　平成○年○月○日　第○校時　第6学年A組教室
2．学年・組　　　第6学年A組（在籍30名）
3．題材　　　　　くふうしよう　さわやかな住まい方
4．題材の目標
・伝統的な京町家のくらしと自然を生かした夏のしつらえに興味をもつことができる。　　　　　　　　　　　　　　　　　　　　　　　　　（関心・意欲・態度）
・夏の暑さをやわらげる工夫を見つけ，生活の中に生かそうとする。
　　　　　　　　　　　　　　　　　　　　　　　　　　　　　（創意工夫）
・季節に応じた生活のし方があることを理解するとともに，暑い季節に自然を生かして気持ちよく過ごす工夫をすることは環境保全につながることを理解する。　　　　　　　　　　　　　　　　　　　　　　　　　　（知識・理解）
5．指導計画（全6時間）
　　第1・2時　知ろう　さわやかに暮らすちえ
　　第3・4時　しらべよう　風の通るみち
　　第5・6時　さがそう　さわやかに過ごす工夫（本時　1／2）
6．題材について
〈教材観〉
　本題材は，夏のくらしシリーズの一つで，前題材の衣生活の学習に続いて行うものである。夏をさわやかに過ごすには，衣服の選び方や着方・手入れのし方だけでなく，住まいのしつらえや過ごし方も工夫することが大切である。この題材では，地域の特性を生かし，京都の町家に受け継がれてきた夏のくらしの知恵にふれることで，自然をうまく利用すれば冷房冷風機器だけに頼らず夏を快適に過ごすことができ，またそのような工夫をすることは環境負荷の軽減につながることを理解させることをねらいとしている。自然を生かし伝統文化を受け継いで残る京都の住まいとそのくらしぶりについて知らせ，その良さを理解させるとともに大切にしていこうとする心情を育みたい。
　京都の夏は，盆地特有の気候を呈し，湿気が多くて蒸し暑い。そのような中

第5節 「快適な住まい」の学習

でありながら，街中にある京町家を訪れると打ち水をした坪庭の緑が涼やかで，簾戸（竹や葦でできた簾をはめこんだ戸で，夏にふすまや障子に替えて使う建具）を通して室内を渡る風がひんやり涼しく感じられる。季節に応じて室内のしつらえは替えられ，簾戸とともに，床の間の掛け軸や置物・花なども季節感のあるものに変えられる。表から入ってきた風は，奥深い空間を駆け抜けて，坪庭や裏庭へと通り，室内に涼をもたらす。密集した街中でありながら，季節の変化に応じて室内のしつらえやくらしを工夫することで昔の人は生活をしてきた。現代ではエネルギーを多用して暑さに対処しているが，このような現代的生活はヒートアイランド現象に拍車をかけて都市をますます住みづらくしている。小さいときから冷房のきいた部屋で過ごす生活が当たり前の子どもたちに，自然と文化を生かして受け継がれてきた先人のくらしの知恵を知らせることは大切なことである。

　屋内を効率よく風が通るようにするには，夏の風向きを知ること，その方向に開いた窓から風を入れ，風が抜ける出口を確保して室内を空気がよどみなく通るようにすること，また室内の空気を攪拌するにはできるだけ風を取り入れる窓の対角に出口を確保することが大切である。このことを開口部分の異なる壁面を用意した模型で実験的に確かめる。実験実習教材の少ない住まいの学習であるが，教具を工夫することで小学生でも実感的に理解できる学習が可能である。

　最後の2時間「さがそう　さわやかに過ごす工夫」は，夏を涼しく住まう工夫をさらに探して実生活に広げていく学習と位置づける。夏を涼しくする工夫については，子どもたちの知識や経験を手がかりにするだけでなく，身近な生活場面における生活スタイルの例をわかりやすいイラストで示したカード教材を利用しヒントとさせる（3　教材研究を参照）。子どもたちからは冷房機器や扇風機などの電化製品の利用が出てくると思われるが，電力需要が夏場に最も多いことを表すデータを示し，安易に電化製品に頼るのはエネルギーの無駄遣いや環境問題につながることを理解させ，環境に配慮した生活の工夫の大切さに気づかせる。学習の最後には，実生活に取り入れられそうな工夫を具体的な

言葉や図などを用いてまとめさせ，さわやかな住まい方の学習が実際に活用されるように配慮する。

〈児童観〉

6年生になって年度始めに行った家庭科アンケートによると，子どもたちは家族の一員として何らかの形で家の仕事を担っていることが明らかとなった。その内容は食事の後の片付けや洗濯物の取り込み，風呂掃除やペットの世話，ゴミ出し，郵便物や新聞の取り込み，夕方の買い物等々，多岐にわたっている。しかし，身の回りの整理・整頓や廃品・空き缶回収等の地域での活動など住まいの学習にかかわる活動は行っていないと回答した子が数名いた。食生活や衣生活に比べ，住生活へのかかわりは，残念ながら少ないといえる。

夏に向けてのさわやか生活の学習は，衣生活では積極的に取り組む姿が見られたが，住まいの学習では子どもたちが引き続き興味を持って学べるか多少の不安はある。子ども達の住宅事情はさまざまであり，さすがに京町家に実際に住んでいる子はほとんどいない。しかし，同じ町内にある京町家の存在は知っており，出入りをしたことがある子は少なからずいる。

〈指導観〉

第1・2時では京町家の夏のくらしについて，地域の方をゲストティーチャーに招き，京町家の造りやくらしの様子をお話いただくことにし，写真や映像を用いてできるだけ実感を伴った理解が得られるよう，事前の打ち合わせや準備を行った。今回は，時間確保と引率の関係で実地の見学はかなわなかったが，京町家のくらしの雰囲気を子どもたちに味わってもらうために，じゅうたん敷きの総合実習室にて座してお話を聞くことにした。地域の方には京町家での夏のしつらえの道具を持参していただき，五感を通して涼やかさを演出するくらしぶりをお話していただく。また，授業の後半では，日本家屋での立ち居振る舞いについて，実演を交えてご指導いただくことにしている。子どもたちには，普段の授業とは異なり，地域の方に話を聞かせていただく緊張感と目上の方に対する敬意を持って授業に臨んでほしいものである。

第3・4時の「しらべよう　風の通るみち」では，京町家の夏向きの造作が

第5節　「快適な住まい」の学習

風の通る道を確保することにあったことをおさえた上で，現代の住宅内ではどのように風が通る道を確保したらよいか予想させるところから始める。体育館を住宅に見立てて，どのように窓を開けたら効率よく，熱気を外に排除できるかまず予想させる。その後に，模型を使った実験を教室にて行う。実験は10分の1大の縮小模型の示範で行う。模型の風上にあたる窓を開けるとともに，その対角にある風下の窓を開ける条件で，室内の空気が最も動くことを，模型に垂らした毛糸の動きで判定する。この実験結果をもとに，体育館の窓の開放をどのようにしたら効率的か実地に確かめる。ただし，体育館での実験は，風が強い日でないと結果が判定しがたいので，天候によっては教室での扇風機を使った実験のみとする。

　第5・6時の「さがそう　さわやかに過ごす工夫」では，まず子どもたちの経験から夏を涼しくする手だてを挙げさせる。子どもたちから真っ先に挙げられると予想される冷房機器や扇風機の利用は簡便で実効性が高いが，一方で，その多用は夏場の電力量を押し上げる。学校の光熱費や一般家庭の消費電力量の月別グラフを提示し，電気に頼る方法だけでは課題があることに気づかせ，また電気エネルギーに頼ることは環境悪化につながり電気代も多大になることを知らせる。そこで，夏を涼しく気持ちよく過ごすための他の工夫を考える展開へと進めていく。具体的な方法を思いつきやすくするために，生活スタイルの例をわかりやすいイラストで表したe‐カード教材を利用することにする。グループに分かれて有効と思われる具体的な方法を出し合い，その後グループ発表させることで意見の交流を行う。最終の授業では，今まで学んできたことをもとに，学校や自分の家にあった涼しくする方法を選び，実践するための計画づくりを行う。具体的な場所の選定と方法を個別に計画したあと，実行へと移していく。

7．本時の学習（全6時間中の5時間目）

（1）本時の目標

・暑い季節を気持ちよく過ごすための工夫について考えることができる。

（関心・意欲・態度）（知識・理解）

（2）本時の展開

	学習活動	指導上の留意点	評 価
導入	○前時までの振り返りをする。	○夏をさわやかに過ごす工夫として，前時までに行った学習を振り返らせる。 ○本時は，夏を気持ちよく過ごす工夫をさらに追求することを伝える。	
展開	○自分の家でやっている方法や知っている方法を挙げる。 ・冷房や扇風機をつける。 ・涼しい服装にする。 ・冷たいものを食べる。	○風通しや部屋のしつらえの他に，夏を涼しくする方法を挙げさせる。	
	○夏に消費電力や電気代が多い理由を考える。 ○電気に頼ることは，環境によくないことを知る。	○学校の光熱費のグラフや，消費電力量の月別グラフを示し，夏に多くなっている理由を考えさせる。 ○電気に頼る生活は，電気代の無駄や環境悪化につながることを知らせる。	電気に頼る生活は，環境にとってよくないことがわかる （知・理）
	夏を涼しく気持ちよく過ごすための工夫を考えよう		
	○涼しく気持ちよく過ごす工夫について，グループで意見を出し合い，部屋の中・建物・建物の周辺にわけながらまとめる。 ・カーテンで陽を遮る。 ・グリーンカーテンを窓辺につるす。 ・樹や花を周辺に植える。 ・雨水を利用して，打ち水をする。 ・ソーラーパネルを利用する。 ・屋上に植物を植える。 ○グループで考えた工夫を，言葉や図で表す。	○涼しく気持ちよく住まう工夫を，部屋の中・建物・建物の周辺にわけて見つけ出すようにうながす。 ○eーカードをヒントにするよう配布する。 ○出てきた意見を，発表に備えて図や言葉でまとめるように伝える。	涼しく住まう工夫について考えようとしている。（関） [発表] 工夫点を表現できる（技） [プリント]
	○各グループで考えたことを発表し，交流する。	○グループ毎に出てきた意見を発表させる。	

	○各グループから出た工夫について，具体的に理解するとともに，その適否を考える。	○自分たちのグループで気づかなかった意見について考えるよう促す。	
まとめ	○本時の学習でわかったこと，感想をプリントに書く。 ○次時の学習内容について知る。	○本時のまとめ ○次時は，自分の生活や学校で活かせる工夫はどんなことか，実生活への活用について考えていくことを伝える。	

出所：長田（2009）を参考に作成。

3　教材研究

　小学校の住まい学習は，整理・整頓や清掃の仕方と，暑さ・寒さ・通風・換気及び採光にかかわる住まい方の工夫が主な内容である。

（1）整理・整頓

　整理はその後の活用に際し判別しやすく使いやすいよう機能的に整えることをいい，整頓は見た目を良くし整った状態にすることをいう。その目的は，①使うものが一目でわかり，すぐに取り出せること，②勉強や仕事・作業がしやすいよう場所を広く使えるようにすること，③仕事や作業をする際に危険が少なく安全にできること，④気持ちよく活動できることなどである。

　整理・整頓の手順は図3-9のとおりで，まず必要なものか否かを判断し，必要なものはその後の利用を考え合理的に収納し，必要のないものは人に譲ったり別なものに作り替えたり処分したりする。不必要なものはできるだけ持たないで，必要なものは大切に扱うとともに，使いやすく収納することを心がけ，生活の中で生かす工夫を考える。

　教材としては，子どもの身近な机や引き出しの中，机周りや教室等を取り上げて，整理・整頓をする必要性を理解させるとともに，具体的な方法や工夫を考えさせるとよい。

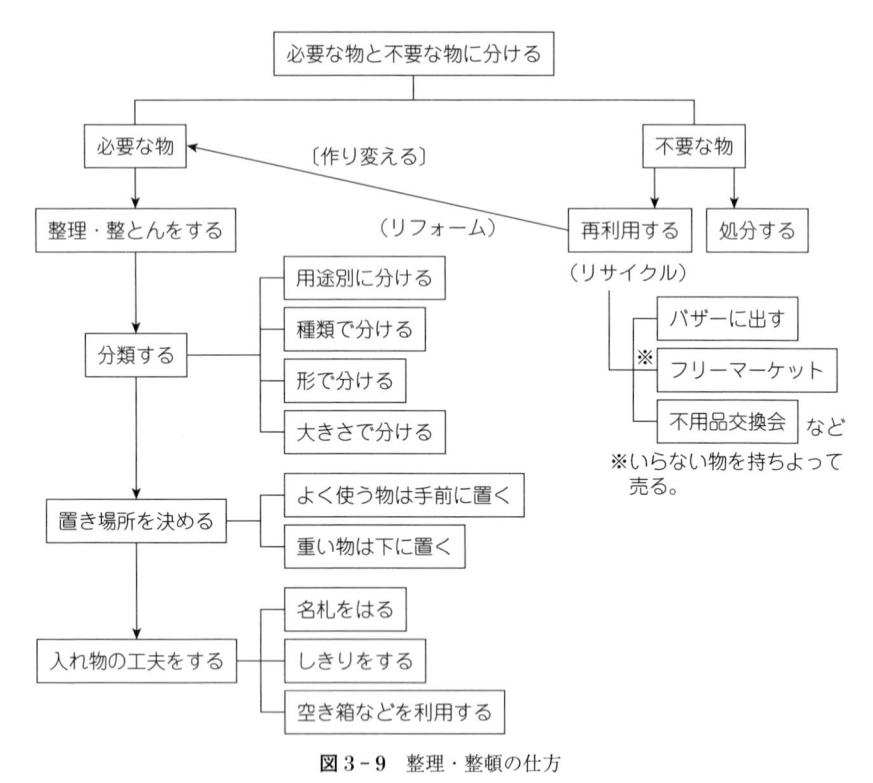

第3章　小学校家庭科の授業づくり

```
                    ┌─────────────────────┐
                    │ 必要な物と不要な物に分ける │
                    └─────────────────────┘
                      │                │
           ┌──────────┘                └──────────┐
           ▼        〔作り変える〕                  ▼
      ┌────────┐◄──────────────────           ┌────────┐
      │ 必要な物 │                              │ 不要な物 │
      └────────┘      （リフォーム）            └────────┘
           │                                    │      │
           ▼                                    ▼      ▼
    ┌──────────────┐                      ┌────────┐ ┌──────┐
    │ 整理・整とんをする │                    │ 再利用する │ │ 処分する │
    └──────────────┘                      └────────┘ └──────┘
           │           ┌─ 用途別に分ける      （リサイクル）
           ▼           │                      ┌─ バザーに出す
    ┌──────────┐     ├─ 種類で分ける          │
    │ 分類する  │─────┤                   ※ ├─ フリーマーケット
    └──────────┘     ├─ 形で分ける            │
           │           │                      └─ 不用品交換会  など
           │           └─ 大きさで分ける
           ▼                                 ※いらない物を持ちよって
    ┌──────────────┐  ┌─ よく使う物は手前に置く    売る。
    │ 置き場所を決める │──┤
    └──────────────┘  └─ 重い物は下に置く
           │
           ▼           ┌─ 名札をはる
    ┌──────────────┐  │
    │ 入れ物の工夫をする │─┼─ しきりをする
    └──────────────┘  │
                       └─ 空き箱などを利用する
```

図 3-9　整理・整頓の仕方

出所：櫻井，1994，14頁。

（2）清　掃

　気持ちよい快適な住まいを維持するには掃除は欠かせない。学校では掃除の時間があり，子どもたちの多くは毎日清掃活動をしている。しかし，最近は家庭で掃除をしない子どもが増え，掃除の仕方を知らない子どもも多い。場所や使われ方に応じて汚れは異なり，それぞれの汚れに合わせた掃除や手入れが必要である。教室の床や棚の上，黒板の溝や窓のさん，昇降口の土間や家庭科室など，学校のいろいろな場所を取り上げて，汚れの種類とその除去や掃除の仕方を学ぶことができる。そのような清掃の実践を通じて，掃除の仕方を学ぶだけでなく，きれいに気持ちよくなっていく様子を実感させ，掃除をするよさを

第5節 「快適な住まい」の学習

体感させるとともに，そこを使う人を思いやる心を育て日常での実践化へとつなげていく。

(3) 住まい方の工夫

住まい方の工夫についての学習では，季節の変化に合わせた生活の大切さがわかり，快適な住まい方の工夫ができるようになることをねらっている。特に取り上げるべき課題として暑さ・寒さ・通風・換気及び採光があげられている。

① 暑さ・寒さ

日本の多くの地方は温帯気候に属し，また海に囲まれていることから，四季に応じてはっきりと暑さ・寒さが変化し，古来よりそれぞれの季節に合わせた住まい方が展開されてきた。一般に日本の住宅は蒸し暑い夏向きの開放的な木造建築として発展してきたが，近年では冬の寒さに対する断熱性能をあげ，洋室化・個室化指向と相まって，住宅自体が閉鎖的な作りになってきている。夏も冬もエアコンで24℃前後の室温に調節し季節感のない室内気候にしがちであるが，季節に合わせた住まい方でできるだけ環境に負荷をかけない対処をする必要がある。暑さ・寒さの体感は，温度だけでなく，湿度，気流，放射の違いによっても変化する。図3－10は東西南北それぞれに向いた垂直壁面での日射量の違いを季節別に示したものである。真夏は，南面より東西に向いた壁面の方が，日射量が多くなるので，この面にすだれやカーテンをつるして日射を遮ると室内が高温になりにくく，反対に真冬は南面を中心に太陽光を取り入れるようにすると暖かい。心理的な効果も含め，いろいろな工夫で暑さ・寒さを防ぐ方法を取り入れたい。

② 通風・換気

図3－11は自然換気と機械換気の例で空気の動きを表している。住宅の気密性が高まり，窓を開けたり換

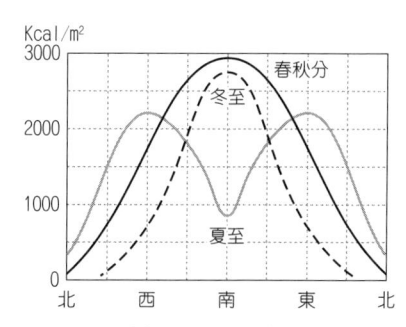

図3－10 垂直壁面における季節別直達日射量
出所：日本建築学会，2003，158頁。

〔自然換気〕窓, 戸, 通風口など

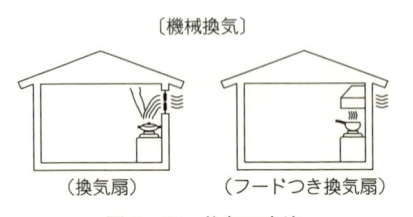

（通風による換気）　（温度差による換気）

〔機械換気〕

（換気扇）　（フードつき換気扇）

図3-11　換気の方法
出所：日本建築学会, 2003, 93頁。

気扇を回したりして積極的に室内の空気を入れ換えないと自然の風や気圧の変化だけでは換気が行いにくくなっている。

③ 採　光

室内の明るさについては，作業内容によってJISで基準が定められている（図3-12）太陽による採光は，明るさを確保できるだけでなく，熱の供給に加え，日光の殺菌作用が室内の衛生環境を向上させ，また心理的にもプラスの効果をもたらす。

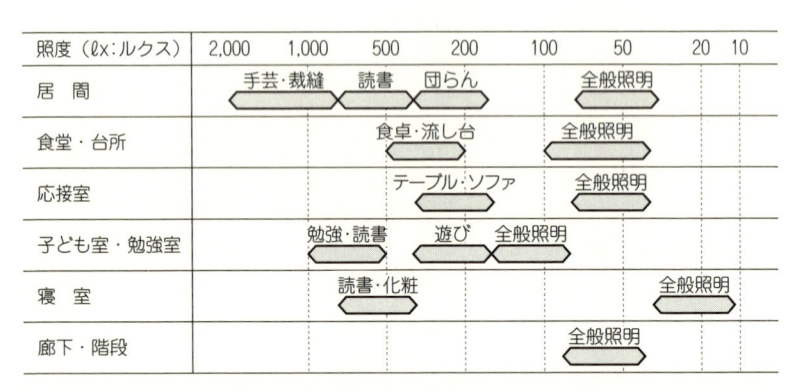

照度（lx：ルクス）	2,000	1,000	500	200	100	50	20	10
居　間	手芸・裁縫	読書	団らん		全般照明			
食堂・台所			食卓・流し台		全般照明			
応接室			テーブル・ソファ		全般照明			
子ども室・勉強室		勉強・読書		遊び	全般照明			
寝　室			読書・化粧			全般照明		
廊下・階段					全般照明			

図3-12　住宅の照度基準（JIS Z 9110）

（4）ライフスタイル

CO_2問題を講じる策として，自然エネルギーの活用が期待されているが，もっとも確実で広範囲に効果が得られるのはライフスタイルの見直しであるといわれている（小島, 2003）。すなわち，他の環境への影響もなくむしろよい相乗効果をもたらすとともに，新たな資源の再利用も生じず技術的経済的負担がな

第5節　「快適な住まい」の学習

図3-13　e-カード
出所：e-カード開発プロジェクト（代表：榊原典子）

いことから，早期に取り組むほど効果が期待できるからである。ライフスタイルの検討は，住まい方の学習でも重要なテーマである。

　生活経験が乏しい児童に抽象的な概念であるライフスタイルについて理解させることは難しいが，同じ生活場面でありながら異なるスタイルを具体的に比較させることで，その理解は助けられる。図3-13に示したe-カード教材はライフスタイルの異なる4つの家族の6生活場面（子ども部屋，台所，洗面所または洗濯場，居間，買い物，余暇）の様子をイラスト化したものである。各カードには色分けされた番号がついていて，番号が生活場面を色がライフスタイル（家族）の違いを表している。これを使うと同じ生活場面でもいろいろなやり方があることを知ったり，自分の生活のしかたを客観的にみつめたり，またあらたな工夫やそのヒントを得ることもできる。授業や活動の目的に合わせ，限定した組み合わせで取り上げたり，場面を絞った取り上げ方をしたりして，多様な使い方が考えられる。先に示した授業例「季節に合わせた快適な住まい方」では，子どもたちが涼しく気持ちよく住まう工夫をみつけるヒントとして利用している。なお，この教材はwebサイトから無料でダウンロードできる。

第3章 小学校家庭科の授業づくり

参考文献

e-カード開発プロジェクト（代表：榊原典子）
　　http://kasei.kyokyo-u.ac.jp/sakakibara/kyozai/ecard/index.html
小島紀徳『エネルギー』日本評論社，2003年
櫻井純子『小学校家庭科資料集　家族の生活と住居』明治図書，1994年
長田しのぶ「つくろう！さわやか生活」京都市小学校家庭科研究会資料，2009年
日本建築学会『建築設計資料集成──環境』丸善，2003年

　　　　　　　　　　　　　　　　　　　　　　　　　　（榊原典子）

第6節 「生活に役立つ物の製作」の学習

1　今日的課題と学習のねらい

　今日では日常生活で針と糸を使う機会は激減している。とりわけ，アジア各国で大量生産された安くて品質のよい布製品が流通する中で，布製品の使い捨ては以前にも増して増加しているといえよう。このため，モノの乏しい時代には普通に行われていた家庭での繕いやサイズ直しなど，自分で修理して活用することは過去の時代の遺物になりつつある。

　しかし，21世紀の課題である持続可能な社会を実現するためには，こうした大量消費と廃棄といった暮らしのあり方に対する見直しと改善は不可欠である。その第一歩として，衣服などの布製品の生産過程を理解することは重要である。布製品には多くの人々の知恵や技や労力が注ぎ込まれている。布を用いた製作を通じて知識と技能を獲得し，布製品の選び方や使い方を見直し，環境に配慮した暮らしを実践する力を養いたい。

　また，布を用いた製作では，布の性質や扱い方，裁断や縫製の方法と手順，道具の適切な使い方など多くの知識や技術・技能が必要であり，一定の知識や技術を習得しなければ，作品を完成させることはできない。これらのうち，小学校では最も基礎的・基本的な知識と技能の習得をねらいとしている。

　布を用いた製作は，学習指導要領の内容「Ｃ　快適な衣服と住まい」の（３）「生活に役立つ物の製作」に位置付けられ，指導内容として「ア　布を用いて製作する物を考え，形などを工夫し，製作計画を立てること。イ　手縫いや，ミシンを用いた直線縫いにより目的に応じた縫い方を考えて製作し，活用できること。ウ　製作に必要な用具の安全な取り扱いができること」が示されている。加えて，これらの内容は学習の効果を高めるため，２学年にわたって

取り扱い，平易なものから段階的に学習できるよう計画するよう指示されている。

『小学校学習指導要領解説家庭編』（文部科学省2008年）によると，（３）アの「布を用いて製作する物を考え」とは，児童に生活の利便性を高め身近な人々との交流に役立つなど生活の質的向上に役立つ物を考えさせることである。具体的には整理・整頓や清掃や買物に役立つ物，食事・団らんに役立つ物，遊びに使う物，家族への贈り物などである。

「形などを工夫し」とは，児童に用途，機能，利便性，デザインなどを考えさせ，形や大きさなどを工夫させることである。まずは，布よりも扱い易い素材である紙を使って大きさや形を考えさせ，実物を観察・計測させるなど試行錯誤を経験させる。また「ゆとり」や「縫いしろ」に気づき，作品に生かせるようにするなど指導の工夫が必要である。

同様に「製作計画を立てる」とは，児童に製作手順や製作計画を考えさせ，完成を想定してその見通しをもてるようにすることである。同時に，製作に必要な材料や用具を準備できるようにさせる。使用する布は，児童が扱いやすいフェルトや木綿などを選択させるようにさせたい。指導にあたっては，参考となる物や見本を観察させ確かめながら構想できるようにするとともに，児童が自分の課題を確認しながら製作を進め，進度を確認し自己評価に基づく計画の修正を行うなど，最後まで意欲的に活動できるよう配慮する。

（３）イの「手縫い」では，玉結び，玉どめ，なみ縫い，返し縫い，かがり縫いなどの技法を取り上げる。「ミシンを用いた直線縫い」では，上糸，下糸の準備，縫い始めと縫い終わり，角の縫い方など直線縫いをするための基本的な操作の学習を行う。また「目的に応じた縫い方を考えて製作し，活用できる」とは，作品の用途に適した縫い方を理解し，それに基づいて製作することである。加えて，作品を日常生活で活用することにより，その仕上がりについて適切に評価し，改善点に気づくことができる。指導に当たっては，これらの気づきを次の製作に生かすようにするとともに，布製品に対する評価力を高めるようにさせる。

さらに，製作の喜びを味わいながら基礎的・基本的な知識や技能が身に付く

よう配慮しなければならない。このため，作品の見本や製作の順序に応じた標本，分解標本，VTR，試行用教材などを準備し活用するなどの理解を促す工夫が不可欠である。

　また，指導において，時間を要しても，基本を大切にしながら丁寧に作業することを強調したい。作品の完成度を高めるよう工夫することが重要である。作品に対する高い評価は次の作品に取り組む意欲につながる。しかし，できばえだけにこだわるのではなく，自分なりに工夫した点についても評価する。加えて，布製品に対する評価力を高めるためには，作品を実際に使用した後，その感想をクラスで相互評価する活動も有効である。

　（3）ウの「製作に必要な用具の安全な取扱いができる」では，児童に，針類，はさみ類，アイロン，ミシンなどの安全で適切な取扱い方を理解させ，身に付けるようにさせる。危険防止や安全点検の確認を習慣化できるようチェックポイントを明確化し，必ず行うよう指導するなどの工夫が必要である。

　布を用いた製作は個人差が大きく，短時間で簡単な作品を完成させる児童がいる一方で，長時間かけて優れた作品を完成させる児童もいる。手先の器用な子も不器用な子もいる。こうした中で，クラスの8割以上の児童が授業時間内で完成するよう指導しなければならない。そのためには，教材の吟味が不可欠である。教師自身が実際に児童と同じ条件で作業をして，その所用時間の2倍程度の時間的余裕のある授業計画を作成することが必要である。また，早くできた児童には，さらに工夫できる課題を設定し，時間をもて余すことのないよう配慮する。ミシンやアイロンなど共同で使用する用具については，可能な限り待ち時間を短縮するように用具の数や作業手順などを工夫して使用させるようにする。時間内にできなかった児童に対しては，放課後に課外指導を行うなどの配慮が必要である。

　家庭科の時間数は内容に比べ不足している。このため，時間を要する製作では，とくに，「家庭生活と家族」など他の内容と関連付けた教材を選ぶことが求められている。また，家庭や学校で実際に使用できる教材であることも重要である。多くの小学校では学校行事と関連づけて行事に使用する物の製作を行

っているが，指導計画の作成時にはこうした観点も必要である。

2 授 業 例

1 5年生「生活に役立つものをつくる学習」の指導
　　　■環境への配慮をした指導
　　　■家庭科の総合性を踏まえた指導

◆本学習指導の概要

　ぞうきんの製作を通して，内容C（3）「生活に役立つ物の製作」の学習を中心にC（2）「快適な住まい方」，「A　家族と家庭生活」，「D　消費生活と環境」の内容も関連付けて指導する。本題材では，不用になった布製品を集め，それらを使用して「オリジナル・マイぞうきん」を製作する。マイぞうきんを使用して，清掃活動を行うことにより，家事労働の大切さやまめに掃除することがゴミの減量や環境保全につながることに気づかせたい。

　　　　　　　　　　　　　　　　　　　　　　　　　　指導者○○　○○

1．日時・場所　　　平成　年　月　日　　　　教室
2．学年・組　　　　第5学年1組　（在籍30名）
3．題材　　　　　　「つくろう！オリジナル・マイぞうきん
　　　　　　　　　　　―家中ピカピカ大作戦―」
4．題材の目標
・布や生活に役立つ物の製作を通じて，快適な住まい方について関心をもち，
　環境を整えることの大切さを知る。　　　　　　　（関心・意欲・態度）
・用途を考えて形や大きさを工夫し，製作計画を立てる。　　（創意工夫）
・手縫いやミシンを用いた直線縫いの方法を理解し製作できる。（知識・技能）
・製作したぞうきんを使用して清掃することにより，家庭内の仕事の分担やそ
　の重要性を理解する。　　　　　　　　　　　　　　　（知識・理解）

第6節 「生活に役立つ物の製作」の学習

5．指導計画（全11時間）
　第1次　ぞうきんについて調べてみよう
　　　第1時　家庭や学校で使っているぞうきんについて調べる
　　　第2時　不要な布製品を集め，その中からぞうきんの材料を選ぶ
　第2次　ミシンを使ってみよう
　　　第3時　ミシンの各部分の名称・使い方と上糸と下糸のかけ方を知る
　　　第4時　集めた布製品を使って直線縫いの練習
　第3次　楽しいマイぞうきんを作ろう
　　　第5・6時　ぞうきんの形と大きさを決め製作の方法と手順を考える
　　　　　　　　（本時）
　　　第7・8時　裁断とかり縫い
　　　第9・10時　ミシン縫いと仕上げ
　第4次　マイぞうきんを使ってみよう
　　　第11時　使用した感想を発表し，清掃について気づいたことを共有する
6．題材について
〈教材観〉
○本題材では不用な布製品を用いてオリジナルぞうきんを製作することにより，製作に関する基礎的・基本的な知識と技術を身に付けることをねらいとしている。ここでは，ミシンの操作に関する内容とともに，安全な道具の使い方と準備や後片付けの重要性についても取り扱う。
○不用な布を集めて利用することで環境問題についても考えることができる。家庭で死蔵されている布製品の枚数や内容に気づくことにより，布製品の有効な活用についても考える契機となるだろう。
○ぞうきんにふさわしい布を選ぶことを通じて布製品の素材（吸水性や柔軟性など）についても考えることができる。
○普段使用しているぞうきんを観察し，清掃がしやすく，かつ楽しくなるようなぞうきんの大きさや形を考え，工夫させたい。
○自分の製作したぞうきんを使用して自宅や学校を清掃することで，これまで

の掃除の仕方を見直すことができ，実践力を高めることができる。

〈児童観〉

　すでに，児童は玉結び，玉どめ，なみ縫いについて学習している。針と糸を使う活動は児童にとって難しいが，作品が完成したときの喜びは大きい。本学級の児童は布を用いた製作を楽しみにしており，ぞうきんの製作に意欲的に取り組むと考えられる。また，本学級の児童は多くの授業でグループ学習に取り組んでおり，製作においても協力して学習に取り組むと思われる。

〈指導観〉

　第1次では，家庭や学校で使っているぞうきんを持参し，その形や大きさを観察させる。さらに，オリジナルぞうきんを作るためには，使う場所や干し方などの用途を考えて使いやすく工夫することが必要なことに気づかせる。次に，家庭にある不用な布製品を集め持参させ，その中からぞうきんの材料を決めさせる。ここでは，布製品の有効な利用方法に気づかせるとともに，ぞうきんにふさわしい素材，すなわち吸水性や柔軟性などについても考えさせる。

　第2次では，ミシンの操作方法のうち，各部分の名称と役割，上糸と下糸のかけ方，直線縫いについて指導する。拡大模型やビデオ教材などを使用して，児童が繰り返し，使い方や手順を確認できるよう指導する。ミシンは1台を複数名で使用するので，一人が使っているときに他の児童がさわらないよう安全面を徹底させる。

　第3次では，ぞうきんの形と大きさを決め，製作の方法と手順を確認し，裁断・かり縫い・ミシン縫い・仕上げを行い，作品を完成させる。第1次での学習をもとに，自分なりに工夫したオリジナル・マイぞうきんを作らせる。既習のミシン縫いと手縫いの技術についてポイントを確認しながら指導する。

　第4次では，マイぞうきんを使った清掃活動の感想を発表させ，気づいたことを共有する。そして，普段の清掃活動を振り返らせるとともに，新たな課題に気づかせ，次の実践へとつなげる。

7．本時の学習（全11時間中の5・6時間目）

「ぞうきんの形と大きさを決め製作の方法と手順を考える」

第6節 「生活に役立つ物の製作」の学習

（1）本時の目標
・用途を考えて形や大きさを工夫し，製作計画を立てる。（創意工夫）
・製作の適切な手順を理解する。（知識・理解）

（2）本時の展開

	学習活動	指導上の留意点	評　価
導入	○製作するぞうきんについて，使う場所と使い方をプリントに記入し発表する。 ・上ぞうきん（台の上用）か下ぞうきん（床用）か ・から拭き用か水拭き用か ・どこに干すか	○用途を考えさせる。 ・用途によってぞうきんの形や大きさを工夫することに気づかせる。 ・洗い方や干し方についても考えさせる。	
展開	紙を使ってぞうきんを作ってみよう ○大きさと形を決めて紙で試作する。 ・紐，名前をつける ・色や形を決める ○工夫した点をプリントに記入し発表する。 ・発表を聞き良い点を取り入れる。 製作手順を考えよう ○試作品をもとに製作方法と手順を考えプリントに記入する。 ・布端の始末や縫いしろが必要なことに気づく ○グループの代表者が手順を発表し，全体で確認する。	○紙・のり・セロテープなどを準備させ，試作させる。 ○工夫した点を発表させ，全体で共有する。 ・良い点を取り入れさせる。 ○布端の始末や縫いしろなどが必要なことに気づかせる。 ・手順を考える中で形や大きさの変更も指示する。 ・合理的手順を考えさせる。 ○手順を確認させる。	ぞうきんの用途に合わせて工夫しているか（創）〔ワークシート3〕 適切な手順が理解できたか（知・理）〔ワークシート4〕
まとめ	○次回の準備物と作業内容を確認する。	○次回の準備物と作業内容を伝える。	

第3章 小学校家庭科の授業づくり

【板書計画】

紙を使ってぞうきんを作ってみよう	完成した紙をもとに製作手順を考えよう
1 大きさを決める	1 型紙をつくる
2 形を決める	2 型紙をまち針で布のうえにとめる
3 紙で作る	しるしをつけて布をたつ
工夫した点	3 かりぬい(大きめのなみぬいでとめる)
・・・・・・・・・・	4 ミシン
・・・・・・・・・・	5 仕上げ
	・注意する点

【ワークシート　例】

家庭科製作プリント　　「つくろう！　オリジナル・マイぞうきん」
　　　　　　　　　　　　　　　　　　　　　○年　○組　氏名○○○○○○

1　ぞうきんの大きさと形を考えよう　　　2　工夫した点
　完成予定図（大きさはcmで書く）

3　製作手順
　(1)
　(2)
　(3)
　(4)
　(5)

第6節 「生活に役立つ物の製作」の学習

3　教材研究

(1) 製作品を考える

　小学校家庭科では，布を用いて「生活に役立つ物」を製作する。私たちは生活の中でたくさんの布製品を使っている。それらが生活にどのように役立っているかを考え，その視点から製作するものを考えるとよい。また他の学習内容と関連付けながら指導することにより学習を深めることができる。授業で取り上げる教材としては，家庭や学校で，児童自身や家族が使っている布製品で，児童でも作れるような小物をさしている。製作品例を表3-18で示す。

表3-18　教材を考える時の視点と製作品例

学習内容	生活にどのように役立っているか	製作品例
家庭生活と家族	家族で使って楽しめるもの 家族や近隣の人にプレゼントする	クッション　お手玉 ティッシュカバー
衣生活	身につけるもの 衣服を保護する役割を担っているもの	エプロン　三角巾 アームカバー
住生活	住まいの整理，整頓，清掃に役立つもの 清潔に暮らすためのもの	ウォールポケット 枕カバー
食生活	調理をしやすくするために使うもの 食事を楽しくするもの	鍋つかみ　鍋敷 ランチョンマット
消費生活と環境	環境に配慮したもの 不用になった布を活用	エコバッグ マイはし袋

(2) 製作に必要な用具

① 布について

　教材用には，綿の中程度の厚みの布が適している。またフェルトは裁断しても端処理が不要で，特に扱いやすい。

② 縫い針について

　洋裁用手縫針（メリケン針）には1号から12号があり，1号が最も長く太い。数字が大きくなるほど細く短くなる。ミシン針は反対に番号が大きくなるほど太くなる。

③ 縫い糸について

　手縫い糸とミシン糸があり，ミシン糸はポリエステルスパン糸や綿ミシン糸が主に使われる。数字（番手）は太さを表しており，小さい方が太い。

　綿の布地の厚さに対して，適している針と糸を表3-19で示す。

表3-19　布地（綿）の厚さと針，糸の関係

布の厚さ	縫い糸	ミシン針	手縫い針（メリケン針）
薄	綿ミシン糸　80番 ポリエステル糸　80番	9番	8，9番
中	綿ミシン糸　60番 ポリエステル糸　60番	11番	7，8番
厚	綿ミシン糸　50番 ポリエステル糸　60番	14，16番	6，7番

（3）小学校で使用される縫い方について

　小学校の手縫いの指導では，なみ縫いに加え，本返し縫い，半返し縫い，かがり縫いが取り上げられている（図3-14）。本返し縫いや半返し縫いは丈夫に縫う箇所に使用される。また，かがり縫いは布端のしまつに使用される。このように，用途に応じて縫い方は決まってくる。

　なお，返し縫いについては，ミシン縫いで用いる用語と手縫いの用語を混同する児童もいる。ミシン縫いでは，縫い始めと縫い終わりの糸のしまつのために，数cm戻り二重に縫うことを返し縫いという。これに対して，手縫いの返し縫いは針目を返し（戻り）ながら縫う縫い方である。これらの点については注意が必要である。

　また，手縫いでは「糸こき」も重要である。しかし，糸こきを知らない児童も

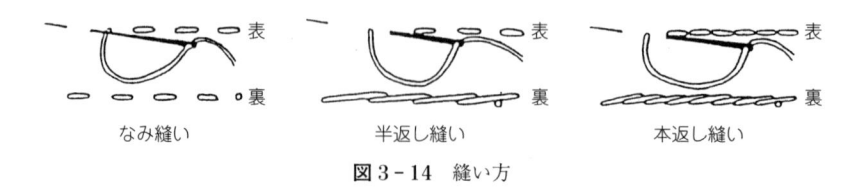

図3-14　縫い方

多く，布がつれないよう，玉留めの前に必ず，糸こきをするよう指導したい。

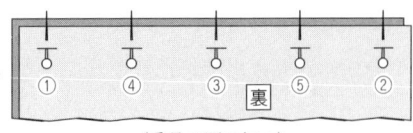

(番号の順に打つ)

図3-15　まち針の打ち方

(4) まち針の使い方について

　美しく仕上げるためには，まち針が重要な役割を果たす。まち針は縫う方向に対して直角に打たなければならない (図3-15)。そうでないと，縫っている間に布がずれてしまうからである。

　製作では，作品を完成させるだけでなく，美しく完成度を高めるという点についても意識しなければならない。完成度が高まると，達成感が高まるだけでなく，モノを大事に使おうとする気持ちも大きくなる。まち針の使い方の指導はこうした点からも重要である。

(5) 準備と後片付けについて

　製作の授業で最も重要な点は準備と後片付けであるといっても過言でない。針については使用前と使用後に必ず数えさせ，管理を徹底させることが必要である。また，ミシンやアイロンの点検と準備はとくに重要である。ミシンでは針がしっかりと取り付けられているか，針が曲がっていないか，糸調子はどうか，などの点検は不可欠である。アイロンではスチーム用の水が入ったままであったり，アイロン台が破れていたりしないか，などの点検が必要である。

　家庭科室の清掃や道具類の点検整備は作業効率を大きく左右させる。同時に教室環境は「かくれたカリキュラム」として作用する。いくら，掃除や整理整頓について授業で取り上げても，家庭科室の整備ができていなければ，児童はきちんとしなくてもよいのだと学んでしまう。清潔で美しく使いやすい家庭科室であれば，そこで学ぶ児童は納得して学習に取り組むであろう。

(6) 布を用いた製作に関する用語について

　平成20年3月に改訂された新学習指導要領では，言語活動の充実を図ることが明示された。そこで，改めて布を用いた製作にかかわる用語について確認し

ておきたい。日常的に裁縫をしていた時代と異なり、使用頻度が少なくなり、その意味内容を正確に把握することが難しくなっているからである。

　たとえば、「なみぬい」の漢字表記は「並縫い」であるが、「波縫い」と誤記する場合が少なくない。なみ縫いとは「普通（並）の縫い方」という意味であり、表と裏を同じ長さの縫い目で縫う縫い方のことである。

　歴史的にみれば、なみ縫いという用語が小学校家庭科で使用されるようになったのは昭和30年代であり、1956（昭和31）年に出版された学習指導要領の解説書には「ここでなみぬいというのは、ちょっとききなれない方もあるかもしれないが、ふつうに運針のように縫う方法である」と記述されている（武田他，1956，62頁）。当時の一般的な用語は運針であった。運針は和裁の基礎的技術の名称であり、熟練することにより、短時間で美しく縫うことができる。しかし、熟練のためには反復練習が必要であった。昭和30年代から始まる既製服時代の幕開けとともに、運針に代わって縫い方の名称であるなみ縫いが登場したのである。連続縫いの運針と異なり、なみ縫いでは一針ずつ丁寧に縫えばよい。また、なみ縫いの縫い目の長さは3〜4mmであるが、これは解くことを前提とした和裁の伝統を受け継いだものである。着物を洗濯するときは糸を解いて元の一枚の布の状態に戻すが、縫い目が3〜4mmより細かくなると着物を解くときに布を傷めてしまうし、縫い目が大きいと着用の際に解けてしまう。こうした伝統的知恵についても理解しておきたい。

　また、「たまどめ」の漢字表記には「玉留め」と「玉止め」の2種類がある。一般には和裁では「玉留め」が使用され、洋裁では「玉止め」が使用されている。このように、日本の裁縫では和裁と洋裁の用語が混交して使用されており、注意が必要である。なみ縫いについても洋裁では「ぐし縫い」という用語がよく使用される。縫い上がりが同じように見えても和裁か洋裁かによって用語が異なる。小学校の手縫いでは和裁由来の用語が使用され、ミシン縫いでは洋裁由来の用語が使用されているようである。

参考文献

　　武田一郎他『改訂小学校の家庭科——新学習指導要領具体化のために』明治図書、1956年。

（井上えり子）

第7節　「身近な消費生活と環境」の学習

1　今日的課題と学習のねらい

　少子化の進展する現代の子どもたちは，両親や祖父母の6つのポケット（シックスポケット）からお小遣いやプレゼントをもらう金銭的に恵まれた環境で生活することが多い。そのため，子どもたちはお金を貯めて本当に欲しいものをやっと手に入れるという経験にはめぐまれていない。また，昔に比べプレゼントをもらう機会が多く，それらの値段は年々高額になり，家計の中に占めるプレゼント金額の割合も高いが，それを子どもたちは意識することもない。このような暮らしは，物欲の強い子や逆にまったく物にこだわらない子を育てるだけでなく，限られた予算の中で何に価値を置き何を選択するかという社会体験が希薄なまま成人させ，主体的に意思決定する能力を十分に育てることができない懸念がある。

　新学習指導要領では，児童生徒が消費者としての自覚をもち主体的に判断し行動できるようにする観点から，消費者教育に関する内容の充実が図られた。小学校家庭科の教科目標には「自己と家庭，家庭と社会のつながり重視」が示され，学習内容の1つに「D　身近な消費生活と環境」が設定された。自分の生活と身近な環境とのかかわりに気付き，物の使い方や環境に配慮した生活の工夫などに関する学習について，小学生の消費生活の変化をふまえた実践的な学習活動となるように，「A　家庭生活と家族」「B　日常の食事と調理の基礎」「C　快適な衣服と住まい」の学習との関連を図り実践的に学習することが明示されている。

　「D　身近な消費生活と環境」の内容は，「物や金銭の使い方と買物」「環境に配慮した生活の工夫」の2つに分かれている。個人の生活に過度に踏みこむ

ことなく，小学生の生活の仕方に関連づけながら，生活に関する物やサービスを選択する力や生活における判断力をつけ，生活価値観の形成に資する教育内容としていく。社会生活において自分はどんな約束をしているのか，身近な学習素材に注目させ，思い込みはないか，なぜ気づかなかったのか，誰の責任なのだろうかと具体的に扱い，消費者市民をはぐくむことができる基礎力を養っていく。つまり，小学校での目標は，「自分の生活行動ひとつひとつが，社会への投票行動である」ことを実感させ，理解させることである。

　ここで「消費者市民」の育成を目指す視点に立てば，上述の「消費」について，単なる経済活動の側面からだけでなく，価値判断するときの重要な判断基準の1つとして，「環境」への配慮を位置づけるべきであるという考え方が出てくる。たとえば買い物をするとき，まずは，便利で安く，自分や家族の好みに合ったものをどのように選べばよいかの判断ができることが求められる。しかし，そこにとどまるのではなく，若干手間がかかったり経済的負担が少し大きくなっても環境への負荷が少ないものを選んだり，自分にとって都合がよいけど隣人に不快感を与えたり不都合を与えるものはできるだけ避ける等，周囲に与える自分の責任までも視点に入れて意思決定を行うことができる力を育てるための基礎を培うことを大切にするべきである。もちろん，これは購買活動に限らず，購買するかどうかの決定や物や資源の使い方など，広範囲の生活活動場面について，考え実行することができる子どもを育てていきたい。

　このように，消費者教育と環境教育とが日常の生活場面で関連することを，実感を伴って学ぶことができる教科が家庭科である。すなわち，日常的な衣食住の生活の場を活用して，消費者教育や環境教育を取りいれることによって，効果的に学ぶことができるということである。たとえば，調理実習における食材の扱い方やごみを減らす工夫などという具体的な事象を通して，子どもたちは，生活の方法を学ぶだけにとどまらず，なぜそのようにするのかの理由を深く理解することになる。他教科などで理論的に学んでいることも，生活の具体的な場面で行動する体験を経て，その必要性や意味を納得し身に付けることができる。今自分が行っている生活行為が，結果的には，自分に，みんなに，地

球や地域の将来に、どのようにつながっているかを自覚できれば、今の自分が何をしなければならないかがわかり、それが実践への力とつながっていく。

「消費者教育の視点をもつとはどういうことか」「環境への配慮を具体的にどのように実践するのか」を明確にするためには、多様な学習方法により、実感を伴う理解につなげる工夫が必要である。

2　授業例

1　6年生「金銭や物の使い方を考える」指導
■消費者教育の推進を図った指導

◆本学習指導の概要

ここに紹介するワークショップ「プレゼントの値段」では、子どもたちがもらうプレゼントの値段と日常生活のさまざまな値段を比較し、「お金は限られている」「限られた予算の中で使い道を決めている」「お金にはいろいろな使い道がある」「お金で投票」の4つのメッセージを、子ども自らの気づきで伝えていく。

（授業者：嘉本知子）

1．日時・場所　　平成20年11月25日　第5校時　第6学年教室
2．学年・組　　　第6学年（在籍26名）
3．題材　　　　　金銭や物の使い方を考えよう
4．題材の目標
・金銭や身の回りの物の使い方を見直し、計画的に生活しようとする態度を育てる。　　　　　　　　　　　　　　　　　　　　　（関心・意欲・態度）
・金銭や物の使い方を自分との生活のかかわりで考えたり、工夫したりする。
　　　　　　　　　　　　　　　　　　　　　　　　　　　　（創意・工夫）
・身の回りの物について選び方や買い方を考え、適切に購入できる。（技能）

・金銭や物を計画的に使う大切さや適切な購入のしかたがわかる。

(知識・理解)

5．指導計画（全4時間）

第1時　プレゼントについて見直してみよう（本時）
第2時　中学校入学にいくら必要だろう
第3時　買い物で気をつけることについて考えよう
第4時　支払いのしかたについて考えよう

6．題材について

〈教材観〉

　本題材では，身近な物の購入についてふり返ったり実際に購入したりすることで，物の選び方や買い方に関する基礎的・基本的な技能を身に付けることをねらいとしている。子どもたちはお金を貯めて欲しいものをやっと手に入れるという経験があまりないために，限られた予算の中で何を選択するかという主体的な意思決定能力が十分に育っていないと考えられる。また，高額のプレゼントをもらっていることも意識していない子どもも多い。そこで，今までにもらったプレゼントが今，どうなっているのかふり返ったり，その値段が1ヶ月の収入に対してどの程度しめる金額なのか考えたりすることで，限られたお金を有効に使うことの大切さを実感させ，計画を立てて賢い消費ができるようにさせたい。

〈児童観〉

　この時期は，クリスマスやお正月が近いため，児童にとって「プレゼント」や「買い物」はより身近に感じられる。「消費者」という言葉は聞いたことがあっても，「生まれてから死ぬまで消費者」「サービスも消費」であるという実感は少ない。金銭感覚は個人差もあるので，取扱い方に気をつけたい。

〈指導観〉

　単元の導入として，ワークショップ「プレゼントの値段」を通じ，お金やその使い道，「消費する」ということについて考えさせる。グループ代表がまとめて回答することによって，個人が特定できないように配慮する。給食1食分

の値段や100円でできることを知らせたり，ソーセージの選び方を通して「お金で投票する」という意味を考えさせたりして「消費者初心者」として気づいたことを書かせる。

第2時では中学校入学時の物品購入にいくら必要なのかを予測したり，小学校6年間に支払われた金額を計算したりすることで，金銭に対する感覚を身に付けさせたい。

次の第3時では，買い物をする際，何を大切に考えて買い物をするのかを野菜や学用品・加工食品等ジャンルごとに考えさせ，意見交換をしながら表示マークの意味や購入の際に気をつける視点等に気づかせる。

さらに，第4時では支払いの方法について学ばせる。最近は，現金で購入する以外にも色々な方法があることを知らせ，それぞれの長所や短所を踏まえた上で，今後の賢い買い物をこころがけさせたい。

7．本時の学習（全4時間中の1時間目）

「プレゼントについて見直してみよう」

(1) 本時の目標

・身の回りの物の値段や使い方を見直し，消費生活に関心をもつ。

(関心・意欲・態度)

(2) 本時の展開

段階 時間	学習活動	指導上の留意点	評　価
導入 10分	○写真を見ながら，自分自身が生まれてから死ぬまで，消費者であることを知る。	「フォトランゲージ」 写真を提示する	
展開 25分	○プレゼントの値段について考えよう ワークショップ「プレゼントの値段」を考える ・「プレゼント」を思い出して紙に書き，グループ毎に発表する。 ・「プレゼントの値段」	○グループで活動させる。 ○各グループで代表者が発表することで個人が特定できないようにする。	・プレゼントされた物の値段に興

第3章 小学校家庭科の授業づくり

展開 25分	「それが今どうなっているか」についても同様に発表する。 ○家計表を見て，各項目の意味を考えたり，プレゼントの値段と比べたりする。 ○「お金で投票」 ・3種類のソーセージを提示し，どれを購入するか考え，投票する。	○項目毎に発表することで，クラス全員に興味を持たせる。 ○各家庭で，使えるお金には限りがあり，その中で使い方を考えていることに気づかせる。 ○プレゼントの値段と家計上の金額を比べることで，プレゼントが安くないことに気づかせる。 ○どのソーセージを購入するかが消費者として商品に投票していることに気づかせる。	味をもつことができたか。(関) ・消費生活に関心をもつことができたか。(関) [観察]
まとめ 10分	○「初心者マーク宣言」をする。	○授業で気づいたことを書かせる。 アンケート	

本時の授業の補足
準備：①人数分の3色の紙（B7程度の大きさ）と初心者マークを印刷した用紙
　　　②児童たちは6人程度のグループで正面が見えるように着席
　　　③授業時間を有効に使用するため発表の順番をあらかじめ決めておく
導入：「フォトランゲージ」
　　子どもたちに買い物している写真，遊園地の写真を見せ，何を購入しているのかの発表させることによって児童自身も「消費者」であることを教える。さらに赤ちゃんの写真を見せ，赤ちゃんも消費者であり，人間は生まれてから死ぬまで消費者であることを伝える。賢い消費者になるためお金の使い方を考えようとワークショップへつなぐ。
展開：ワークショップ「プレゼントの値段」
　・3色の紙を使い，それぞれ指定の色の用紙に，昨年もらったプレゼントの名前・その値段・そのプレゼントが今どうなっているかを記入させていく。1色1枚記入するごとにグループでまとめて代表者に発表させ，教師は板書する（図3-16）。随時，教師は児童の感想や気づきを引き出す。
　・そのプレゼントが値段に見合うものかどうかについて，100円で買えるものと比較して考えさせる。そこで「お金は限られている」「限られたお金の中で使い道を決めている」「お金にはいろいろな使い方がある」というキーワードを，メ

第7節 「身近な消費生活と環境」の学習

ッセージカードを示しながら伝える。給食費では栄養価が高くお値打ち価格であることに気づかせ，100円で買えるものではユニセフへの寄付を例にあげ，これらと比較することによって，金額の多少にかかわらず値打ちのあるお金の使い方をすることが重要であることを理解させる。
・「お金で投票」という概念を伝えるため，商品購入の例を紹介する。売り場に並ぶ商品からどれを購入するかを具体例から選ばせて考えさせる。店には，たくさん売れる商品が多く並ぶことになる。私たちが商品を買うということは，その商品に1票を投票していることになるということを伝える。
まとめ：消費者としてはまだ初心者の児童たちに，これから気をつけたいことを初心者マークに記させ，「初心者マーク宣言」によって，授業をまとめる。

8．授業結果

授業後の児童アンケートの意見・記述は以下の通りである。

・消費者の意味やお金のことがわかってよかった。
・家計表を見ると私のプレゼントはとても高いと思った。
・1つのプレゼントにもたくさんのお金がかかっているのだと思った。お金には限りがあることを知ったので，これからはむだな買い物を避けて一度買ったものは最後まで使い切らなければいけないと思った。

また授業を見学した保護者の意見・記述は以下の通りである。

図3-16　板書の様子

・子どもたちが楽しみながら十分理解できる内容だった。なかなか家庭では話す機会がないお金の使い方，親も勉強になった。
・単純に「使わないのがいい」「安いのがいい」だけでないことがとてもよ

183

かったと思った。

　アンケート結果や児童の反応は概ね好評であった。作業を通しての気づきを尊重するワークショップ形式のプログラムであることが要因と思われる。なお，進行上の注意点は，プレゼントをもらえなかった児童や，意外なプレゼントや質素なプレゼントをもらった児童に対する配慮である。クリスマスプレゼントに限定せず，「これまでもらったプレゼントの中で一つ思い出してみよう」と視点を変えさせたり，プレゼントの価値は価格ではないことを感じさせる解説で補足したりすることが必要である。

② 6年生「環境に配慮した生活の工夫」の指導
　　　■環境への配慮をした指導
　　　■食育の推進をねらった指導

◆本学習指導の概要

　本題材では，輸入に依存している食生活は，運搬のための大量のエネルギーを消費し，環境への負荷も大きいことに気づかせ，食の問題とかかわらせて環境問題について理解させ，欲求に基づく生活を見直すことができるように一人一人の生活行動の重要性を学ばせたい。

（授業者：嘉本知子）

1．日時・場所　　平成21年1月21日　第3校時　　第6学年教室
2．学年・組　　　第6学年（在籍30名）
3．題材　　　　　自分の生活の中で環境に配慮した工夫をしよう
4．題材の目標
・身近な食生活を中心に環境によい生活をしようとしている。

（関心・意欲・態度）

・環境によい生活を考えて，自分なりに工夫している。　　　（創意工夫）
・環境に気をつけた生活ができる。　　　　　　　　　　　　　　（技能）

・環境に配慮した生活のしかたがわかる。　　　　　　　（知識・理解）
5．指導計画（全4時間）
第1時　　近くのものからいただきま〜す（本時）
第2・3時　　自分たちにできることは何か考えよう
第4時　　自分がやってみたことをまとめよう
6．題材について
〈教材観〉
　自分達にとって身近な食生活が国際的な問題でもあることに子ども達は驚き，それゆえに印象に残る教材であるだろう。「近くのものからいただきま〜す」の授業は，「食料自給率」「フード・マイレージ」など，児童にとって難しい用語が使われるが，教材・教具が工夫されているので，子ども達にも理解しやすい。「旬クイズ」は地域によって難易度は異なると考えられるが，旬に興味をもたせることにおいては効果的である。食生活のあり方について考え直す機っかけとした。
〈児童観〉
　この時期は，家庭科を学習して2年間の総まとめの時期にあり，小学校生活の最後の単元として「今，自分にできること」を意識させやすい。また，単元の導入として，子ども達に身近な食生活から環境を考えさせることで，関心を高めることができると考える。社会科や外国語活動で世界の国々について学習をしている高学年だからこそ，「食料自給率」「フード・マイレージ」も理解できるだろう。
〈指導観〉
　本題材では，自分たちの家庭生活をふり返り，環境に配慮した生活にするためにどんなことができるかを考え，その技能を身に付けることをねらいとしている。社会科や理科で学習した内容に加え，自分で調べたり，聞いたりしたことを実際にやってみることで，今後の家庭生活に取り入れる態度を養いたい。
7．本時の学習（全4時間中の1時間目）
　「近くのものからいただきま〜す」

第3章　小学校家庭科の授業づくり

（1）本時の目標
・自分たちの食生活から環境問題に気づくことができる。（知識・理解）
（本時の展開）

	学習活動	指導上の留意点	評　価
導入	○食料自給率の高いメニューを考える。	○6つのメニューを写真で示し（図3-17），自給率の高いメニューを予想させる。 ○解答から，お米を食べることが自給率を高めることに気づかせる。	
展開	○フード・マイレージについて考える。 ・天ぷらそばの材料を例にして食材が世界各国から運ばれて来たことを知る。 ・問題点を考えさせる。 ○「生産高日本一クイズ」をする。 ○「旬当てクイズ」をする。	○世界地図と矢印（図3-18）を使って視覚的にとらえられるようにする。 ○日本はフード・マイレージが世界一で，3位の韓国の3倍であることを知らせ，児童にイメージしやすいようにする。 ・「地産地消」の大切さを知らせる。 ○農産物の絵を示し，地元の生産高1位のものを当てさせる。 ○旬の物を食べることが環境によいことを押さえる。	・積極的に活動できているか。 （関） ［観察］ ・積極的に活動できているか。 （関） ［発表］
まとめ	○わかったことをワークシートに記入する。		・環境問題に気づいているか。 （知）［ワークシート］

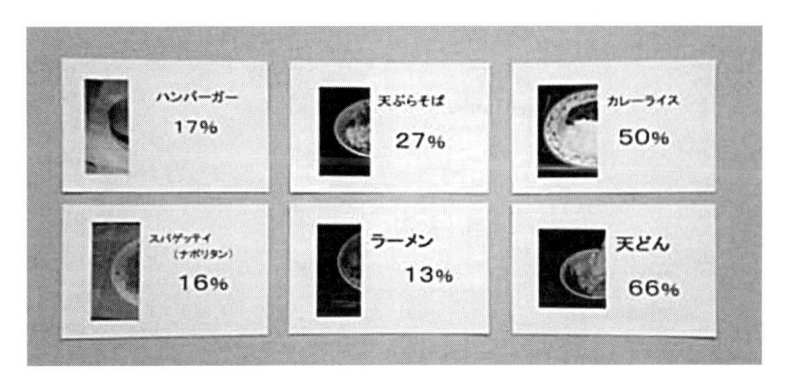

第7節 「身近な消費生活と環境」の学習

図3-17　メニューごとの食料自給率の紹介

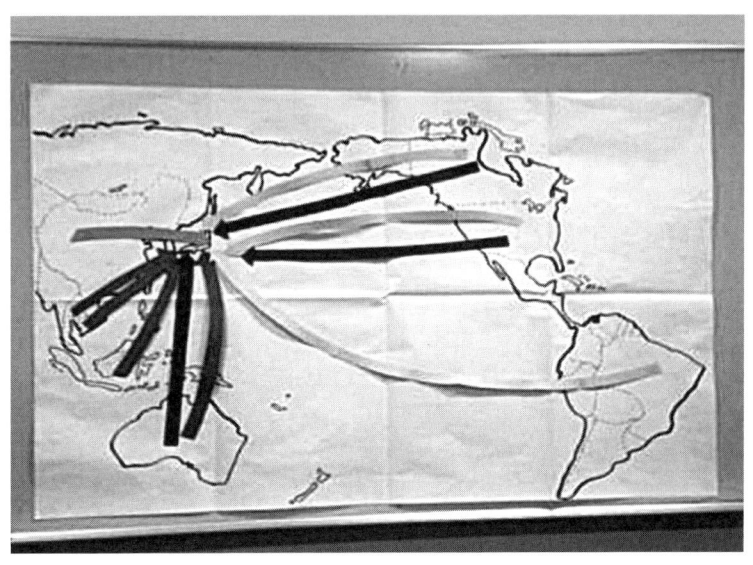

図3-18　フード・マイレージを視覚的に学ぶ

第3章 小学校家庭科の授業づくり

【ワークシート】

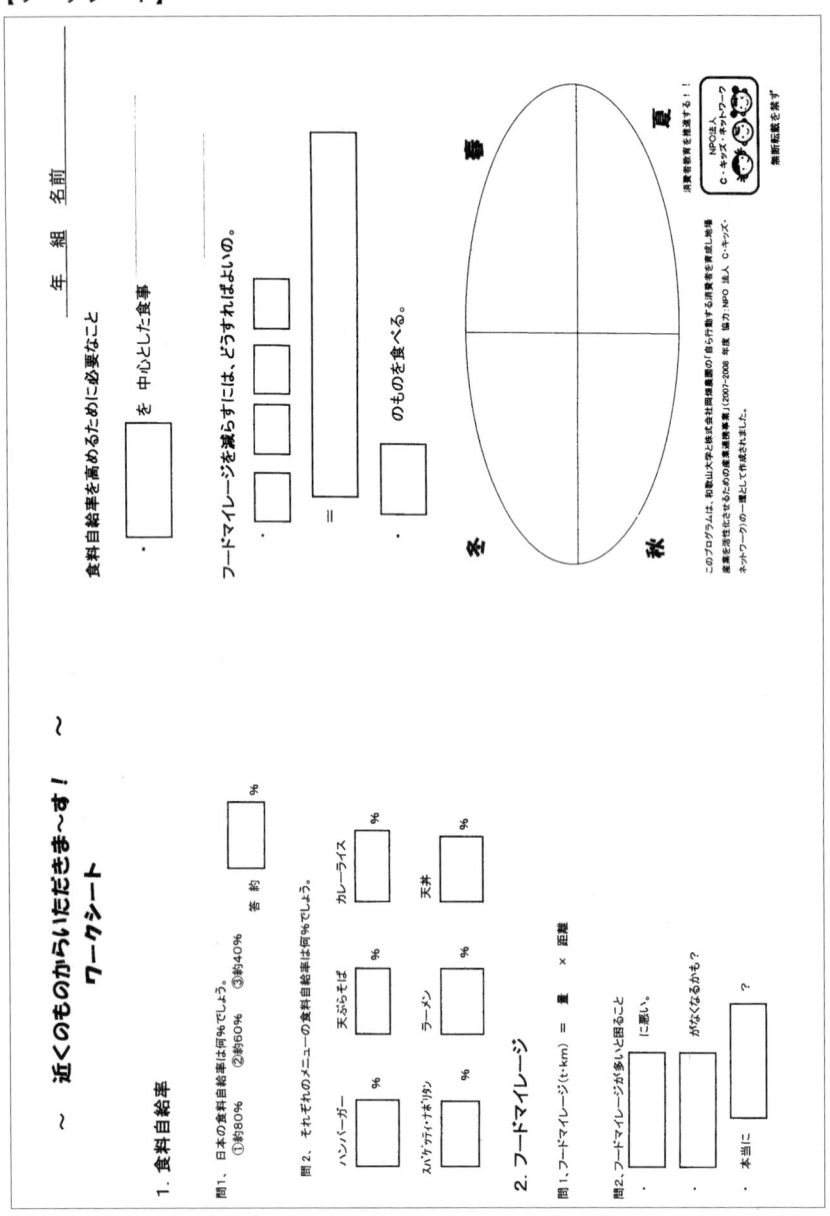

～ 近くのものからいただきま～す！ ～
ワークシート

　　　　年　組　名前　　　　　　　

1. 食料自給率

問1. 日本の食料自給率は何％でしょう。
①約80%　②約60%　③約40%　　答　約　　　％

問2. それぞれのメニューの食料自給率は何％でしょう。

ハンバーガー　　％　　天ぷらそば　　％　　カレーライス　　％

スパゲティ（ナポリタン）　　％　　ラーメン　　％　　天丼　　％

2. フードマイレージ

問1. フードマイレージ(t・km) ＝ 量 × 距離

問2. フードマイレージが多いと困ること
・　　　　　に悪い
・　　　　　がなくなるかも？
・本当に　　　　？

食料自給率を高めるために必要なこと

・　　　　　　　　　　　を 中心とした食事

・□ □ □ □ のものを食べる。

・フードマイレージを減らすには、どうすればよいの。

　　□ ＝ 　　　　のものを食べる。

春　夏
秋　冬

このプログラムは、和歌山大学と株式会社同朋舎農園の「自ら行動する消費者を育成し地場産業を活性化させるための産業連携事業」(2007-2008 年度 協力：NPO 法人 C-キッズ・ネットワーク)の一環として作成されました。

消費者教育を推進する！！
NPO法人
C-キッズ・ネットワーク

無断転載を禁ず

3　教材研究

(1) 消費者（Consumer）とは

　人は生まれてから死ぬまで財などを消費する主体者で，消費者と呼ぶ。商品だけでなく，たとえば遊園地の入場券等のように券を購入することで遊ぶサービスを購入していることに気づかせる。

(2) 消費者の権利と責任

　アメリカでは，1962年にケネディ大統領が消費者保護の必要性を訴え，「消費者の4つの権利」を提唱した。その後1975年には，フォード大統領が5番目の権利として「消費者教育を受ける権利」を追加した。その後，1983年に国際的な消費者団体であるCI（国際消費者機構）は，消費者には権利と同時に責任もあるとして，8つの権利と5つの責任を提唱している（表3-20）。

表3-20　消費者の8つの権利と5つの義務

8つの権利	4つの権利	安全を求める権利
		知らされる権利
		選択をする権利
		意見を反映される権利
		消費者教育を受ける権利
		消費者被害から補償を受ける権利
		健全な環境のなかで働き、生活する権利
		生活の基本的ニーズが保証される権利
5つの責任		批判的意識をもつ責任
		自己主張し行動する責任
		社会的弱者へ配慮をする責任
		環境への配慮をする責任
		連帯する責任

（3）3R（5R）とグリーンコンシューマー

　3つのRとは，①リデュース Reduce 減量：ゴミを減らす，ゴミになるものを買わない，②リユース Reuse 再使用：再度（形を変えずにそのまま）使用する，③リサイクル Recycle 再資源化：資源として利用する」のことである。

　最近では，上記の3Rに④リフューズ Refuse 断る：過剰包装などを断る⑤リペア Repair 修理する：修理して長く使う，を加えて5Rともいう。環境のことを考えて買い物をするという消費者をグリーンコンシューマーという。具体的に次のようなことを実行するようにする。

---

① 必要なものだけを買おう
② 長く使えるものを選び，大事に使おう
③ 環境への取り組みを真剣に考えている店やメーカーを選ぼう
④ 包装のないもの，少ないものを選ぼう
⑤ 容器は何回も使えるリターナブルなものを使おう
⑥ 使い捨ての商品は避けよう
⑦ リサイクルできるものや再生品を選ぼう

（4）各種のマーク

JISマーク	JASマーク	STマーク
日本工業規格	日本農林規格	安全基準に合格した玩具

環境マーク

エコマーク	グリーンマーク	統一美化マーク
環境保全に役立つ製品	古紙再生紙を示すマーク	

第7節　「身近な消費生活と環境」の学習

リサイクルマーク

アルミニウム製容器包装　　スチール製容器包装　　ペット樹脂を使用した石油製品マーク

(5) ゴミ問題

　昔は物が少なく，利用できる物は何でも利用していた。しかし，生活が豊かになり生活スタイルが変わって，家庭から出るゴミは増え続けている。中でも特徴的なのは，ゴミの60％（容積）をしめる容器包装類のゴミである。

　家庭から出る可燃ゴミの75％以上は焼却されているが，そこで新たに生じる焼却灰と不燃ゴミは埋め立てられるため，埋め立て場所の問題がおこる。さらに，焼却でも埋め立てでもない資源化（リサイクル）の問題もある。

　ゴミの処理方法は焼却・埋め立て・資源化の3つである。ゴミ問題を解決するには，資源の消費を減らし環境への負荷を減らすことで，その優先順位は，ゴミになるものを作らない，買わない，再度使用する，どうしてもゴミになればリサイクルするということである。

　日本の法律は，ゴミ問題対応の先進国ドイツとは異なり，「容器包装リサイクル法」（2000年）など個別物品の特性に応じた規制からスタートし，その後，「循環型社会形成基本法（循環型社会に向けての枠組み法）」（2001年）や「グリーン購入法（国が率先して再生品などの調達を推進）」（2001年），「廃棄物処理法（適正処理）」（2008年一部改正）の順に整備されてきた。同じプラスチック素材でも，容器包装か否かで分別回収方法が違う。廃棄物処理法により家庭から出るゴミの処理責任は市町村にあるため，市町村によってゴミの分別法が違う。焼却施設の処理能力や埋め立て地の容量，処理費用などの地域の事情が違うためである。分別回収や一人一人の生活の仕方が意味する力について，混乱を生じさせない原理原則を伝える指導が必要である。

日本のゴミ処理やリサイクルに関係する法律は表3-21の通りである。

表3-21 循環型社会形成の推進のための法体系

環境基本法（環境政策の枠組み）　1994年	
循環型社会形成推進基本法（循環型社会に向けての枠組み）　2001年	
廃棄物処理法　2008年 （ゴミの適正処理）	資源有効利用促進法　2001年 （リサイクルの推進）

（6）地球温暖化問題

　地球温暖化とは，主に石炭や石油などを大量に消費することにより，大気中の二酸化炭素やメタンなどの温室効果（太陽からの日射エネルギーを透過させ，地表から放射される赤外線は吸収しやすいという性質）ガスの濃度が高まり，地球の大気や海水の温度が上昇する現象である。地球温暖化の影響は，海水面の上昇，異常気象，生態系，地形の変化などの気象や自然環境への影響と，それらによる物理的被害や人的被害などの経済や社会への影響の二つに分かれる。

（7）フード・マイレージ（食料の（food）輸送距離（mileage））と地産地消

　フード・マイレージとは食料が運ばれてきた距離に，食料の重さをかけて算出する食料輸送による環境負荷を数値化したものである。生産地と消費地が近ければフード・マイレージは小さくなり，遠くから食料を運んでくると大きくなる。フード・マイレージを減らすための取り組みとして「地産地消」の大切さを伝える。地産地消を進めるためには，地元の特産品に着目し，環境に与える負荷が少ない「旬」も同時に知らせる。旬のものは自然のエネルギーで育ち，かつ栄養価も高く安価である。ハウス栽培は温度調整に多くのエネルギーを消費するため，環境に与える負荷が大きい。

　問題点を①環境に与える負荷は？，②食べ物がなくなるかも？③本当に安全？の3つのキーワードを使って考えさせるとよい。

使用した教材出典

NPO 法人 C・キッズ・ネットワーク

「プレゼントの値段」,「近くのものからいただきま～す！」

入手先：http://www.hyogo-intercampus.ne.jp/gallery/c-kids/

（赤松純子）

研究課題

① 次の題材で家庭科の指導を考えてみよう。
　(1)子どもの生活時間を見直させる学習
　(2)食事の栄養バランスを考えさせる学習
　(3)夏の涼しい暮らしの工夫（着方，住まい方など）を取り上げた学習
　(4)冬の暖かい暮らしの工夫（着方，住まい方など）を取り上げた学習
　(5)ミシンを使って生活に役立つものを製作する学習
　(6)身の回りの物の買い方・使い方を考えさせる学習
② 上記の題材について，観点ごとの評価規準を作成してみよう。

資 料 編

1	教育基本法	第1章　教育の目的及び理念
		第2章　教育の実施に関する基本
		第3章　教育行政
		第4章　法令の制定
2	学校教育法　施行規則（抄）	
		第2章　義務教育
		第4章　小学校
		第8章　特別支援教育
3	小学校学習指導要領	第1章　総則
4	小学校学習指導要領	第2章　各教科　第8節　家庭
5	中学校学習指導要領	第2章　各教科　第8節　技術・家庭

教育基本法
（平成18年12月22日法律第120号）

教育基本法（昭和22年法律第25号）の全部を改正する。

　我々日本国民は，たゆまぬ努力によって築いてきた民主的で文化的な国家を更に発展させるとともに，世界の平和と人類の福祉の向上に貢献することを願うものである。我々は，この理想を実現するため，個人の尊厳を重んじ，真理と正義を希求し，公共の精神を尊び，豊かな人間性と創造性を備えた人間の育成を期するとともに，伝統を継承し，新しい文化の創造を目指す教育を推進する。ここに，我々は，日本国憲法の精神にのっとり，我が国の未来を切り拓く教育の基本を確立し，その振興を図るため，この法律を制定する。

第1章　教育の目的及び理念
（教育の目的）
第1条　教育は，人格の完成を目指し，平和で民主的な国家及び社会の形成者として必要な資質を備えた心身ともに健康な国民の育成を期して行われなければならない。
（教育の目標）
第2条　教育は，その目的を実現するため，学問の自由を尊重しつつ，次に掲げる目標を達成するよう行われるものとする。
　一　幅広い知識と教養を身に付け，真理を求める態度を養い，豊かな情操と道徳心を培うとともに，健やかな身体を養うこと。
　二　個人の価値を尊重して，その能力を伸ばし，創造性を培い，自主及び自律の精神を養うとともに，職業及び生活との関連を重視し，勤労を重んずる態度を養うこと。
　三　正義と責任，男女の平等，自他の敬愛と協力を重んずるとともに，公共の精神に基づき，主体的に社会の形成に参画し，その発展に寄与する態度を養うこと。
　四　生命を尊び，自然を大切にし，環境の保全に寄与する態度を養うこと。
　五　伝統と文化を尊重し，それらをはぐくんできた我が国と郷土を愛するとともに，他国を尊重し，国際社会の平和と発展に寄与する態度を養うこと。
（生涯学習の理念）
第3条　国民一人一人が，自己の人格を磨き，豊かな人生を送ることができるよう，その生涯にわたって，あらゆる機会に，あらゆる場所において学習することができ，その成果を適切に生かすことのできる社会の実現が図られなければならない。
（教育の機会均等）
第4条　すべて国民は，ひとしく，その能力に応じた教育を受ける機会を与えられなければならず，人種，信条，性別，社会的身分，経済的地位又は門地によって，教育上差別されない。
2　国及び地方公共団体は，障害のある者が，その障害の状態に応じ，十分な教育を受けられるよう，教育上必要な支援を講じなければならない。
3　国及び地方公共団体は，能力があるにもかかわらず，経済的理由によって修学が困難な者に対して，奨学の措置を講じなければならない。

第2章　教育の実施に関する基本
（義務教育）
第5条　国民は，その保護する子に，別に法律で定めるところにより，普通教育を受けさせる義務を負う。
2　義務教育として行われる普通教育は，各個人の有する能力を伸ばしつつ社会において自立的に生きる基礎を培い，また，国家及び社会の形成者として必要とされる基

本的な資質を養うことを目的として行われるものとする。
3　国及び地方公共団体は，義務教育の機会を保障し，その水準を確保するため，適切な役割分担及び相互の協力の下，その実施に責任を負う。
4　国又は地方公共団体の設置する学校における義務教育については，授業料を徴収しない。
（学校教育）
第6条　法律に定める学校は，公の性質を有するものであって，国，地方公共団体及び法律に定める法人のみが，これを設置することができる。
2　前項の学校においては，教育の目標が達成されるよう，教育を受ける者の心身の発達に応じて，体系的な教育が組織的に行われなければならない。この場合において，教育を受ける者が，学校生活を営む上で必要な規律を重んずるとともに，自ら進んで学習に取り組む意欲を高めることを重視して行われなければならない。
（大学）
第7条　大学は，学術の中心として，高い教養と専門的能力を培うとともに，深く真理を探究して新たな知見を創造し，これらの成果を広く社会に提供することにより，社会の発展に寄与するものとする。
2　大学については，自主性，自律性その他の大学における教育及び研究の特性が尊重されなければならない。
（私立学校）
第8条　私立学校の有する公の性質及び学校教育において果たす重要な役割にかんがみ，国及び地方公共団体は，その自主性を尊重しつつ，助成その他の適当な方法によって私立学校教育の振興に努めなければならない。
（教員）
第9条　法律に定める学校の教員は，自己の崇高な使命を深く自覚し，絶えず研究と修養に励み，その職責の遂行に努めなければならない。
2　前項の教員については，その使命と職責の重要性にかんがみ，その身分は尊重され，待遇の適正が期せられるとともに，養成と研修の充実が図られなければならない。
（家庭教育）
第10条　父母その他の保護者は，子の教育について第一義的責任を有するものであって，生活のために必要な習慣を身に付けさせるとともに，自立心を育成し，心身の調和のとれた発達を図るよう努めるものとする。
2　国及び地方公共団体は，家庭教育の自主性を尊重しつつ，保護者に対する学習の機会及び情報の提供その他の家庭教育を支援するために必要な施策を講ずるよう努めなければならない。
（幼児期の教育）
第11条　幼児期の教育は，生涯にわたる人格形成の基礎を培う重要なものであることにかんがみ，国及び地方公共団体は，幼児の健やかな成長に資する良好な環境の整備その他適当な方法によって，その振興に努めなければならない。
（社会教育）
第12条　個人の要望や社会の要請にこたえ，社会において行われる教育は，国及び地方公共団体によって奨励されなければならない。
2　国及び地方公共団体は，図書館，博物館，公民館その他の社会教育施設の設置，学校の施設の利用，学習の機会及び情報の提供その他の適当な方法によって社会教育の振興に努めなければならない。
（学校，家庭及び地域住民等の相互の連携協力）
第13条　学校，家庭及び地域住民その他の関係者は，教育におけるそれぞれの役割と責任を自覚するとともに，相互の連携及び協力に努めるものとする。

（政治教育）
第14条 良識ある公民として必要な政治的教養は，教育上尊重されなければならない。
2　法律に定める学校は，特定の政党を支持し，又はこれに反対するための政治教育その他政治的活動をしてはならない。
（宗教教育）
第15条 宗教に関する寛容の態度，宗教に関する一般的な教養及び宗教の社会生活における地位は，教育上尊重されなければならない。
2　国及び地方公共団体が設置する学校は，特定の宗教のための宗教教育その他宗教的活動をしてはならない。

第3章　教育行政
（教育行政）
第16条 教育は，不当な支配に服することなく，この法律及び他の法律の定めるところにより行われるべきものであり，教育行政は，国と地方公共団体との適切な役割分担及び相互の協力の下，公正かつ適正に行われなければならない。
2　国は，全国的な教育の機会均等と教育水準の維持向上を図るため，教育に関する施策を総合的に策定し，実施しなければならない。
3　地方公共団体は，その地域における教育の振興を図るため，その実情に応じた教育に関する施策を策定し，実施しなければならない。
4　国及び地方公共団体は，教育が円滑かつ継続的に実施されるよう，必要な財政上の措置を講じなければならない。
（教育振興基本計画）
第17条 政府は，教育の振興に関する施策の総合的かつ計画的な推進を図るため，教育の振興に関する施策についての基本的な方針及び講ずべき施策その他必要な事項について，基本的な計画を定め，これを国会に報告するとともに，公表しなければならない。
2　地方公共団体は，前項の計画を参酌し，その地域の実情に応じ，当該地方公共団体における教育の振興のための施策に関する基本的な計画を定めるよう努めなければならない。

第4章　法令の制定
第18条 この法律に規定する諸条項を実施するため，必要な法令が制定されなければならない。

学校教育法（抄）
（昭和22年3月31日　法律　26号）
（改正平成19年6月27日　法律　98号）

第2章　義務教育
第16条 保護者（子に対して親権を行う者（親権を行う者のないときは，未成年後見人）をいう。以下同じ。）は，次条に定めるところにより，子に9年の普通教育を受けさせる義務を負う。
第17条 保護者は，子の満6歳に達した日の翌日以後における最初の学年の初めから，満12歳に達した日の属する学年の終わりまで，これを小学校又は特別支援学校の小学部に就学させる義務を負う。ただし，子が，満12歳に達した日の属する学年の終わりまでに小学校又は特別支援学校の小学部の課程を修了しないときは，満15歳に達した日の属する学年の終わり（それまでの間において当該課程を修了したときは，その修了した日の属する学年の終わり）までとする。
2　保護者は，子が小学校又は特別支援学校の小学部の課程を修了した日の翌日以後における最初の学年の初めから，満15歳に達した日の属する学年の終わりまで，これを中学校，中等教育学校の前期課程又は特

別支援学校の中学部に就学させる義務を負う。
3　前2項の義務の履行の督促その他これらの義務の履行に関し必要な事項は，政令で定める。
第18条　前条第1項又は第2項の規定によつて，保護者が就学させなければならない子（以下それぞれ「学齢児童」又は「学齢生徒」という。）で，病弱，発育不完全その他やむを得ない事由のため，就学困難と認められる者の保護者に対しては，市町村の教育委員会は，文部科学大臣の定めるところにより，同条第1項又は第2項の義務を猶予又は免除することができる。
第19条　経済的理由によつて，就学困難と認められる学齢児童又は学齢生徒の保護者に対しては，市町村は，必要な援助を与えなければならない。
第20条　学齢児童又は学齢生徒を使用する者は，その使用によつて，当該学齢児童又は学齢生徒が，義務教育を受けることを妨げてはならない。
第21条　義務教育として行われる普通教育は，教育基本法（平成18年法律第120号）第5条第2項に規定する目的を実現するため，次に掲げる目標を達成するよう行われるものとする。
1．学校内外における社会的活動を促進し，自主，自律及び協同の精神，規範意識，公正な判断力並びに公共の精神に基づき主体的に社会の形成に参画し，その発展に寄与する態度を養うこと。
2．学校内外における自然体験活動を促進し，生命及び自然を尊重する精神並びに環境の保全に寄与する態度を養うこと。
3．我が国と郷土の現状と歴史について，正しい理解に導き，伝統と文化を尊重し，それらをはぐくんできた我が国と郷土を愛する態度を養うとともに，進んで外国の文化の理解を通じて，他国を尊重し，国際社会の平和と発展に寄与する態度を養うこと。
4．家族と家庭の役割，生活に必要な衣，食，住，情報，産業その他の事項について基礎的な理解と技能を養うこと。
5．読書に親しませ，生活に必要な国語を正しく理解し，使用する基礎的な能力を養うこと。
6．生活に必要な数量的な関係を正しく理解し，処理する基礎的な能力を養うこと。
7．生活にかかわる自然現象について，観察及び実験を通じて，科学的に理解し，処理する基礎的な能力を養うこと。
8．健康，安全で幸福な生活のために必要な習慣を養うとともに，運動を通じて体力を養い，心身の調和的発達を図ること。
9．生活を明るく豊かにする音楽，美術，文芸その他の芸術について基礎的な理解と技能を養うこと。
10．職業についての基礎的な知識と技能，勤労を重んずる態度及び個性に応じて将来の進路を選択する能力を養うこと。

第4章　小学校

第29条　小学校は，心身の発達に応じて，義務教育として行われる普通教育のうち基礎的なものを施すことを目的とする。
第30条　小学校における教育は，前条に規定する目的を実現するために必要な程度において第21条各号に掲げる目標を達成するよう行われるものとする。
2　前項の場合においては，生涯にわたり学習する基盤が培われるよう，基礎的な知識及び技能を習得させるとともに，これらを活用して課題を解決するために必要な思考力，判断力，表現力その他の能力をはぐくみ，主体的に学習に取り組む態度を養うことに，特に意を用いなければならない。
第31条　小学校においては，前条第1項の規定による目標の達成に資するよう，教育指導を行うに当たり，児童の体験的な学習

活動，特にボランティア活動など社会奉仕体験活動，自然体験活動その他の体験活動の充実に努めるものとする。この場合において，社会教育関係団体その他の関係団体及び関係機関との連携に十分配慮しなければならない。
第32条　小学校の修業年限は，6年とする。

第8章　特別支援教育
第81条　幼稚園，小学校，中学校，高等学校及び中等教育学校においては，次項各号のいずれかに該当する幼児，児童及び生徒その他教育上特別の支援を必要とする幼児，児童及び生徒に対し，文部科学大臣の定めるところにより，障害による学習上又は生活上の困難を克服するための教育を行うものとする。
2　小学校，中学校，高等学校及び中等教育学校には，次の各号のいずれかに該当する児童及び生徒のために，特別支援学級を置くことができる。
1．知的障害者
2．肢体不自由者
3．身体虚弱者
4．弱視者
5．難聴者
6．その他障害のある者で，特別支援学級において教育を行うことが適当なもの
3　前項に規定する学校においては，疾病により療養中の児童及び生徒に対して，特別支援学級を設け，又は教員を派遣して，教育を行うことができる。

学校教育法施行規則（抄）
（昭和22年5月23日文部省令第11号）

第4章　小学校　第2節　教育課程
第50条　小学校の教育課程は，国語，社会，算数，理科，生活，音楽，図画工作，家庭及び体育の各教科（以下この節において「各教科」という。），道徳，特別活動並びに総合的な学習の時間によつて編成するものとする。
2　私立の小学校の教育課程を編成する場合は，前項の規定にかかわらず，宗教を加えることができる。この場合においては，宗教をもつて前項の道徳に代えることができる。
第51条　小学校の各学年における各教科，道徳，特別活動及び総合的な学習の時間のそれぞれの授業時数並びに各学年におけるこれらの総授業時数は，別表第一に定める授業時数を標準とする。
第52条　小学校の教育課程については，この節に定めるもののほか，教育課程の基準として文部科学大臣が別に公示する小学校学習指導要領によるものとする。
第53条　小学校においては，必要がある場合には，一部の各教科について，これらを合わせて授業を行うことができる。
第54条　児童が心身の状況によつて履修することが困難な各教科は，その児童の心身の状況に適合するように課さなければならない。
第55条　小学校の教育課程に関し，その改善に資する研究を行うため特に必要があり，かつ，児童の教育上適切な配慮がなされていると文部科学大臣が認める場合においては，文部科学大臣が別に定めるところにより，第50条第1項，第51条又は第52条の規定によらないことができる。
第55条の2　文部科学大臣が，小学校において，当該小学校又は当該小学校が設置されている地域の実態に照らし，より効果的な教育を実施するため，当該小学校又は当該地域の特色を生かした特別の教育課程を編成して教育を実施する必要があり，かつ，当該特別の教育課程について，教育基本法（平成18年法律第120号）及び学校教育法第

30条第一項の規定等に照らして適切であり，児童の教育上適切な配慮がなされているものとして文部科学大臣が定める基準を満たしていると認める場合においては，文部科学大臣が別に定めるところにより，第50条第1項，第51条又は第52条の規定の全部又は一部によらないことができる。

第56条 小学校において，学校生活への適応が困難であるため相当の期間小学校を欠席していると認められる児童を対象として，その実態に配慮した特別の教育課程を編成して教育を実施する必要があると文部科学大臣が認める場合においては，文部科学大臣が別に定めるところにより，第50条第1項，第51条又は第52条の規定によらないことができる。

第57条 小学校において，各学年の課程の修了又は卒業を認めるに当たっては，児童の平素の成績を評価して，これを定めなければならない。

第58条 校長は，小学校の全課程を修了したと認めた者には，卒業証書を授与しなければならない。

　　　第3節　学年及び授業日

第59条 小学校の学年は，4月1日に始まり，翌年3月31日に終わる。

第60条 授業終始の時刻は，校長が定める。

第61条 公立小学校における休業日は，次のとおりとする。ただし，第3号に掲げる日を除き，特別の必要がある場合は，この限りでない。
　一　国民の祝日に関する法律（昭和23年法律第178号）に規定する日
　二　日曜日及び土曜日
　三　学校教育法施行令第29条の規定により教育委員会が定める日

第62条 私立小学校における学期及び休業日は，当該学校の学則で定める。

第50条，第51条及び別表第1の改正規定は平成23年4月1日から施行する。

[備考]
一　この表の授業時数の一単位時間は，四十五分とする。
二　特別活動の授業時数は，小学校学習指導要領で定める学級活動（学校給食に係るものを除く。）に充てるものとする。
三　第五十条第二項の場合において，道徳のほかに宗教を加えるときは，宗教の授業時数をもってこの表の道徳の授業時数の一部に代えることができる。（別表第二及び別表第四の場合においても同様とする。）

各教科等の授業時数　学校教育法施行規則別表第1（第51条関係）

区分		第1学年	第2学年	第3学年	第4学年	第5学年	第6学年
各教科の授業時数	国語	306	315	245	245	175	175
	社会			70	90	100	105
	算数	136	175	175	175	175	175
	理科			90	105	105	105
	生活	102	105				
	音楽	68	70	60	60	50	50
	図画工作	68	70	60	60	50	50
	家庭					60	55
	体育	102	105	105	105	90	90
道徳		34	35	35	35	35	35
外国語活動						35	35
総合的な学習の時間				70	70	70	70
特別活動		34	35	35	35	35	35
総授業時数		850	910	945	980	980	980

> 小学校学習指導要領
> （平成20年3月20日告示）
> 第2章 各教科 第8節 家庭

第1 目標

　衣食住などに関する実践的・体験的な活動を通して，日常生活に必要な基礎的・基本的な知識及び技能を身に付けるとともに，家庭生活を大切にする心情をはぐくみ，家族の一員として生活をよりよくしようとする実践的な態度を育てる。

第2 各学年の目標及び内容

〔第5学年及び第6学年〕
1 目標
（1） 衣食住や家族の生活などに関する実践的・体験的な活動を通して，自分の成長を自覚するとともに，家庭生活への関心を高め，その大切さに気付くようにする。
（2） 日常生活に必要な基礎的・基本的な知識及び技能を身に付け，身近な生活に活用できるようにする。
（3） 自分と家族などとのかかわりを考えて実践する喜びを味わい，家庭生活をよりよくしようとする実践的な態度を育てる。

2 内容
A 家庭生活と家族
（1） 自分の成長と家族について，次の事項を指導する。
ア 自分の成長を自覚することを通して，家庭生活と家族の大切さに気付くこと。
（2） 家庭生活と仕事について，次の事項を指導する。
ア 家庭には自分や家族の生活を支える仕事があることが分かり，自分の分担する仕事ができること。
イ 生活時間の有効な使い方を工夫し，家族に協力すること。
（3） 家族や近隣の人々とのかかわりについて，次の事項を指導する。
ア 家族との触れ合いや団らんを楽しくする工夫をすること。
イ 近隣の人々とのかかわりを考え，自分の家庭生活を工夫すること。
B 日常の食事と調理の基礎
（1） 食事の役割について，次の事項を指導する。
ア 食事の役割を知り，日常の食事の大切さに気付くこと。
イ 楽しく食事をするための工夫をすること。
（2） 栄養を考えた食事について，次の事項を指導する。
ア 体に必要な栄養素の種類と働きについて知ること。
イ 食品の栄養的な特徴を知り，食品を組み合わせてとる必要があることが分かること。
ウ 1食分の献立を考えること。
（3） 調理の基礎について，次の事項を指導する。
ア 調理に関心をもち，必要な材料の分量や手順を考えて，調理計画を立てること。
イ 材料の洗い方，切り方，味の付け方，盛り付け，配膳（ぜん）及び後片付けが適切にできること。
ウ ゆでたり，いためたりして調理ができること。
エ 米飯及びみそ汁の調理ができること。
オ 調理に必要な用具や食器の安全で衛生的な取扱い及びこんろの安全な取扱いができること。
C 快適な衣服と住まい
（1） 衣服の着用と手入れについて，次の事項を指導する。
ア 衣服の働きが分かり，衣服に関心をもって日常着の快適な着方を工夫できること。
イ 日常着の手入れが必要であることが分

かり，ボタン付けや洗濯ができること。
（2）快適な住まい方について，次の事項を指導する。
ア 住まい方に関心をもって，整理・整頓（せいとん）や清掃の仕方が分かり工夫できること。
イ 季節の変化に合わせた生活の大切さが分かり，快適な住まい方を工夫できること。
（3）生活に役立つ物の製作について，次の事項を指導する。
ア 布を用いて製作する物を考え，形などを工夫し，製作計画を立てること。
イ 手縫いや，ミシンを用いた直線縫いにより目的に応じた縫い方を考えて製作し，活用できること。
ウ 製作に必要な用具の安全な取扱いができること。
D 身近な消費生活と環境
（1）物や金銭の使い方と買物について，次の事項を指導する。
ア 物や金銭の大切さに気付き，計画的な使い方を考えること。
イ 身近な物の選び方，買い方を考え，適切に購入できること。
（2）環境に配慮した生活の工夫について，次の事項を指導する。
ア 自分の生活と身近な環境とのかかわりに気付き，物の使い方などを工夫できること。

第3 指導計画の作成と内容の取扱い

1 指導計画の作成に当たっては，次の事項に配慮するものとする。
（1）題材の構成に当たっては，児童の実態を的確にとらえるとともに，内容相互の関連を図り，指導の効果を高めるようにすること。
（2）「A家庭生活と家族」の（1）のアについては，第4学年までの学習を踏まえ2学年間の学習の見通しを立てさせるために，第5学年の最初に履修させるとともに，「A家庭生活と家族」から「D身近な消費生活と環境」までの学習と関連させるようにすること。
（3）「B日常の食事と調理の基礎」の（3）及び「C快適な衣服と住まい」の（3）については，学習の効果を高めるため，2学年にわたって取り扱い，平易なものから段階的に学習できるよう計画すること。
（4）第1章総則の第1の2及び第3章道徳の第1に示す道徳教育の目標に基づき，道徳の時間などとの関連を考慮しながら，第3章道徳の第2に示す内容について，家庭科の特質に応じて適切な指導をすること。
2 第2の内容の取扱いについては，次の事項に配慮するものとする。
（1）「B日常の食事と調理の基礎」については，次のとおり取り扱うこと。
ア （2）のア及びイについては，五大栄養素と食品の体内での主な働きを中心に扱うこと。
イ （3）のエについては，米飯やみそ汁が我が国の伝統的な日常食であることにも触れること。
ウ 食に関する指導については，家庭科の特質に応じて，食育の充実に資するよう配慮すること。
（2）「C快適な衣服と住まい」の（2）のイについては，主として暑さ・寒さ，通風・換気及び採光を取り上げること。
（3）「D身近な消費生活と環境」については，次のとおり取り扱うこと。
ア （1）のイについては，「A家庭生活と家族」の（3），「B日常の食事と調理の基礎」の（3）並びに「C快適な衣服と住まい」の（2）及び（3）で扱う用具や実習材料などの身近な物を取り上げること。
イ （2）については，「B日常の食事と調理の基礎」又は「C快適な衣服と住まい」

との関連を図り，実践的に学習できるようにすること。
3　実習の指導については，次の事項に配慮するものとする。
（1）　服装を整え，用具の手入れや保管を適切に行うこと。
（2）　事故の防止に留意して，熱源や用具，機械などを取り扱うこと。
（3）　調理に用いる食品については，生の魚や肉は扱わないなど，安全・衛生に留意すること。
4　家庭との連携を図り，児童が身に付けた知識及び技能などを日常生活に活用するよう配慮するものとする。
5　各内容の指導に当たっては，衣食住など生活の中の様々な言葉を実感を伴って理解する学習活動や，自分の生活における課題を解決するために言葉や図表などを用いて生活をよくする方法を考えたり，説明したりするなどの学習活動が充実するよう配慮するものとする。

中学校学習指導要領
（平成20年3月20日告示）
第2章　各教科　第8節　技術・家庭

第1　目標

生活に必要な基礎的・基本的な知識及び技術の習得を通して，生活と技術とのかかわりについて理解を深め，進んで生活を工夫し創造する能力と実践的な態度を育てる。

第2　各分野の目標及び内容

〔技術分野〕
1　目標
ものづくりなどの実践的・体験的な学習活動を通して，材料と加工，エネルギー変換，生物育成及び情報に関する基礎的・基本的な知識及び技術を習得するとともに，技術と社会や環境とのかかわりについて理解を深め，技術を適切に評価し活用する能力と態度を育てる。
2　内　容
A　材料と加工に関する技術
（1）　生活や産業の中で利用されている技術について，次の事項を指導する。
ア　技術が生活の向上や産業の継承と発展に果たしている役割について考えること。
イ　技術の進展と環境との関係について考えること。
（2）　材料と加工法について，次の事項を指導する。
ア　材料の特徴と利用方法を知ること。
イ　材料に適した加工法を知り，工具や機器を安全に使用できること。
ウ　材料と加工に関する技術の適切な評価・活用について考えること。
（3）　材料と加工に関する技術を利用した製作品の設計・製作について，次の事項を指導する。
ア　使用目的や使用条件に即した機能と構造について考えること。
イ　構想の表示方法を知り，製作図をかくことができること。
ウ　部品加工，組立て及び仕上げができること。
B　エネルギー変換に関する技術
（1）　エネルギー変換機器の仕組みと保守点検について，次の事項を指導する。
ア　エネルギーの変換方法や力の伝達の仕組みを知ること。
イ　機器の基本的な仕組みを知り，保守点検と事故防止ができること。
ウ　エネルギー変換に関する技術の適切な評価・活用について考えること。
（2）　エネルギー変換に関する技術を利用した製作品の設計・製作について，次の事項を指導する。
ア　製作品に必要な機能と構造を選択し，設計ができること。

イ 製作品の組立て・調整や電気回路の配線・点検ができること。
C 生物育成に関する技術
(1) 生物の生育環境と育成技術について，次の事項を指導する。
ア 生物の育成に適する条件と生物の育成環境を管理する方法を知ること。
イ 生物育成に関する技術の適切な評価・活用について考えること。
(2) 生物育成に関する技術を利用した栽培又は飼育について，次の事項を指導する。
ア 目的とする生物の育成計画を立て，生物の栽培又は飼育ができること。
D 情報に関する技術
(1) 情報通信ネットワークと情報モラルについて，次の事項を指導する。
ア コンピュータの構成と基本的な情報処理の仕組みを知ること。
イ 情報通信ネットワークにおける基本的な情報利用の仕組みを知ること。
ウ 著作権や発信した情報に対する責任を知り，情報モラルについて考えること。
エ 情報に関する技術の適切な評価・活用について考えること。
(2) ディジタル作品の設計・制作について，次の事項を指導する。
ア メディアの特徴と利用方法を知り，制作品の設計ができること。
イ 多様なメディアを複合し，表現や発信ができること。
(3) プログラムによる計測・制御について，次の事項を指導する。
ア コンピュータを利用した計測・制御の基本的な仕組みを知ること。
イ 情報処理の手順を考え，簡単なプログラムが作成できること。
3 内容の取扱い
(1) 内容の「A材料と加工に関する技術」の(1)については，技術の進展が資源やエネルギーの有効利用，自然環境の保全に貢献していることや，ものづくりの技術が我が国の伝統や文化を支えてきたことについても扱うものとする。
(2) 内容の「Bエネルギー変換に関する技術」の(1)のイについては，漏電・感電等についても扱うものとする。
(3) 内容の「C生物育成に関する技術」の(2)については，地域固有の生態系に影響を及ぼすことのないよう留意するものとする。
(4) 内容の「D情報に関する技術」については，次のとおり取り扱うものとする。
ア (1)のアについては，情報のディジタル化の方法と情報の量についても扱うこと。(1)のウについては，情報通信ネットワークにおける知的財産の保護の必要性についても扱うこと。
イ (2)については，使用するメディアに応じて，個人情報の保護の必要性についても扱うこと。
(5) すべての内容において，技術にかかわる倫理観や新しい発想を生み出し活用しようとする態度が育成されるようにするものとする。

〔家庭分野〕
1 目 標
衣食住などに関する実践的・体験的な学習活動を通して，生活の自立に必要な基礎的・基本的な知識及び技術を習得するとともに，家庭の機能について理解を深め，これからの生活を展望して，課題をもって生活をよりよくしようとする能力と態度を育てる
2 内 容
A 家族・家庭と子どもの成長
(1) 自分の成長と家族について，次の事項を指導する。
ア 自分の成長と家族や家庭生活とのかかわりについて考えること。

（2） 家庭と家族関係について，次の事項を指導する。
ア　家庭や家族の基本的な機能と，家庭生活と地域とのかかわりについて理解すること。
イ　これからの自分と家族とのかかわりに関心をもち，家族関係をよりよくする方法を考えること。
（3） 幼児の生活と家族について，次の事項を指導する。
ア　幼児の発達と生活の特徴を知り，子どもが育つ環境としての家族の役割について理解すること。
イ　幼児の観察や遊び道具の製作などの活動を通して，幼児の遊びの意義について理解すること。
ウ　幼児と触れ合うなどの活動を通して，幼児への関心を深め，かかわり方を工夫できること。
エ　家族又は幼児の生活に関心をもち，課題をもって家族関係又は幼児の生活について工夫し，計画を立てて実践できること。
B　食生活と自立
（1） 中学生の食生活と栄養について，次の事項を指導する。
ア　自分の食生活に関心をもち，生活の中で食事が果たす役割を理解し，健康によい食習慣について考えること。
イ　栄養素の種類と働きを知り，中学生に必要な栄養の特徴について考えること。
（2） 日常食の献立と食品の選び方について，次の事項を指導する。
ア　食品の栄養的特質や中学生の1日に必要な食品の種類と概量について知ること。
イ　中学生の1日分の献立を考えること。
ウ　食品の品質を見分け，用途に応じて選択できること。
（3） 日常食の調理と地域の食文化について，次の事項を指導する。
ア　基礎的な日常食の調理ができること。また，安全と衛生に留意し，食品や調理用具等の適切な管理ができること。
イ　地域の食材を生かすなどの調理を通して，地域の食文化について理解すること。
ウ　食生活に関心をもち，課題をもって日常食又は地域の食材を生かした調理などの活動について工夫し，計画を立てて実践できること。
C　衣生活・住生活と自立
（1） 衣服の選択と手入れについて，次の事項を指導する。
ア　衣服と社会生活とのかかわりを理解し，目的に応じた着用や個性を生かす着用を工夫できること。
イ　衣服の計画的な活用の必要性を理解し，適切な選択ができること。
ウ　衣服の材料や状態に応じた日常着の手入れができること。
（2） 住居の機能と住まい方について，次の事項を指導する。
ア　家族の住空間について考え，住居の基本的な機能について知ること。
イ　家族の安全を考えた室内環境の整え方を知り，快適な住まい方を工夫できること。
（3） 衣生活，住生活などの生活の工夫について，次の事項を指導する。
ア　布を用いた物の製作を通して，生活を豊かにするための工夫ができること。
イ　衣服又は住まいに関心をもち，課題をもって衣生活又は住生活について工夫し，計画を立てて実践できること。
D　身近な消費生活と環境
（1） 家庭生活と消費について，次の事項を指導する。
ア　自分や家族の消費生活に関心をもち，消費者の基本的な権利と責任について理解すること。
イ　販売方法の特徴について知り，生活に必要な物資・サービスの適切な選択，購入及び活用ができること。

（2）　家庭生活と環境について，次の事項を指導する。
ア　自分や家族の消費生活が環境に与える影響について考え，環境に配慮した消費生活について工夫し，実践できること。
3　内容の取扱い
（1）　内容の「A家族・家庭と子どもの成長」については，次のとおり取り扱うものとする。
ア　（1），（2）及び（3）については，相互に関連を図り，実習や観察，ロールプレイングなどの学習活動を中心とするよう留意すること。
イ　（2）のアについては，高齢者などの地域の人々とのかかわりについても触れるよう留意すること。
ウ　（3）のアについては，幼児期における周囲との基本的な信頼関係や生活習慣の形成の重要性についても扱うこと。（3）のウについては，幼稚園や保育所等の幼児との触れ合いができるよう留意すること。
（2）　内容の「B食生活と自立」については，次のとおり取り扱うものとする。
ア　（1）のイについては，水の働きや食物繊維についても触れること。
イ　（2）のウについては，主として調理実習で用いる生鮮食品と加工食品の良否や表示を扱うこと。
ウ　（3）のアについては，魚，肉，野菜を中心として扱い，基礎的な題材を取り上げること。（3）のイについては，調理実習を中心とし，主として地域又は季節の食材を利用することの意義について扱うこと。また，地域の伝統的な行事食や郷土料理を扱うこともできること。
エ　食に関する指導については，技術・家庭科の特質に応じて，食育の充実に資するよう配慮すること。
（3）　内容の「C衣生活・住生活と自立」については，次のとおり取り扱うものとする。

ア　（1）のアについては，和服の基本的な着装を扱うこともできること。（1）のイについては，既製服の表示と選択に当たっての留意事項を扱うこと。（1）のウについては，日常着の手入れは主として洗濯と補修を扱うこと。
イ　（2）のアについては，簡単な図などによる住空間の構想を扱うこと。
ウ　（3）のアについては，（1）のウとの関連を図り，主として補修の技術を生かしてできる製作品を扱うこと。
（4）　内容の「D身近な消費生活と環境」については，次のとおり取り扱うものとする。
ア　内容の「A家族・家庭と子どもの成長」，「B食生活と自立」又は「C衣生活・住生活と自立」の学習との関連を図り，実践的に学習できるようにすること。
イ　（1）については，中学生の身近な消費行動と関連させて扱うこと。

第3　指導計画の作成と内容の取扱い

1　指導計画の作成に当たっては，次の事項に配慮するものとする。
（1）　技術分野及び家庭分野の授業時数については，3学年間を見通した全体的な指導計画に基づき，いずれかの分野に偏ることなく配当して履修させること。その際，家庭分野の内容の「A家族・家庭と子どもの成長」の（3）のエ，「B食生活と自立」の（3）のウ及び「C衣生活・住生活と自立」の（3）のイについては，これら3事項のうち1又は2事項を選択して履修させること。
（2）　技術分野の内容の「A材料と加工に関する技術」から「D情報に関する技術」並びに家庭分野の内容の「A家族・家庭と子どもの成長」から「D身近な消費生活と環境」の各項目に配当する授業時数及び履

修学年については，地域，学校及び生徒の実態等に応じて，各学校において適切に定めること。その際，技術分野の内容の「A材料と加工に関する技術」の（1）及び家庭分野の内容の「A家族・家庭と子どもの成長」の（1）については，それぞれ小学校図画工作科，家庭科などの学習を踏まえ，中学校における学習の見通しを立てさせるために，第1学年の最初に履修させること。
（3） 各項目及び各項目に示す事項については，相互に有機的な関連を図り，総合的に展開されるよう適切な題材を設定して計画を作成すること。その際，小学校における学習を踏まえ，他教科等との関連を明確にして，系統的・発展的に指導ができるよう配慮すること。
（4） 第1章総則の第1の2及び第3章道徳の第1に示す道徳教育の目標に基づき，道徳の時間などとの関連を考慮しながら，第3章道徳の第2に示す内容について，技術・家庭科の特質に応じて適切な指導をすること。

2　各分野の内容の取扱いについては，次の事項に配慮するものとする。
（1） 基礎的・基本的な知識及び技術を習得し，基本的な概念などの理解を深めるとともに，仕事の楽しさや完成の喜びを体得させるよう，実践的・体験的な学習活動を充実すること。
（2） 生徒が学習した知識及び技術を生活に活用できるよう，問題解決的な学習を充実するとともに，家庭や地域社会との連携を図るようにすること。
3　実習の指導に当たっては，施設・設備の安全管理に配慮し，学習環境を整備するとともに，火気，用具，材料などの取扱いに注意して事故防止の指導を徹底し，安全と衛生に十分留意するものとする。
4　各分野の指導については，衣食住やものづくりなどに関する実習等の結果を整理し考察する学習活動や，生活における課題を解決するために言葉や図表，概念などを用いて考えたり，説明したりするなどの学習活動が充実するよう配慮するものとする。

索　引

ア 行

新しい学力観　16
暑さ　152, 161
アミノ酸　129
　　必須——　129
生きる力　9, 16, 29
糸こき　174
栄養教諭　123
栄養素　127
　　五大——　110, 127
　　三大——　127

カ 行

ガイダンス的内容　74
界面活性剤　148
化学繊維　146
学習意欲　35, 78
『学習指導要領家庭科編（試案）』　11
学習評価　47
家事教育　10, 11
課題解決　8
　　——型学習　37
　　——力　31
価値判断　9
家庭科の内容　23
家庭科の変遷　10
家庭科の目標　20
家庭生活を認識する力　30
換気　151, 152, 161
環境問題　7
感性　6
基礎的・基本的な知識や技能　2, 78
吸水性　145
教材・教具　71
グリーンコンシューマー　190
形成的評価　48
言語活動の充実　39, 83, 100

抗酸化作用　130
糊化（α化）　133
国語力の養成　4
個食　109
孤食　109
個人内評価　53
衣替え　149

サ 行

細案　67
採光　152, 162
裁縫教育　10, 11
寒さ　152, 161
自己教育力　15
自己有能感・自信　2
脂質　127
実践的・体験的な学習　3
児童指導要録　48
社会への投票　178
授業観察　70
授業の改善　70
旬　122, 185, 192
『小学校における家庭生活指導の手引』　13
消費者教育　77
消費者市民　178
消費者の権利　189
食育　75
食品群　131
　　3色——　131
　　6つの基礎——　131
　　4つの——　131
食物繊維　128
食料自給率　185
診断的評価　47
スモールステップ　61
3R　190
生活時間　105
生活重視　2

209

──の価値観　32
生活認識　5
生活のスキル　61
清掃　152
整理・整頓　152, 159
絶対評価　53
総括的評価　48
総合的な学習の時間　87
相対評価　53
組成表示　147

タ　行

代謝　127
　活動──　127
　基礎──　127
達成感　78
炭水化物　127
たんぱく質　127
地産地消　122, 186, 192
通風　152, 153, 161
ティーム・ティーチング　123
手縫い糸　174
天然繊維　146
でんぷん　128
糖質　128
道徳教育　5, 85
　──の充実　100
取り扱い絵表示　147

ナ・ハ　行

中食　109
縫い針　173
発問　71
ビタミン　127
必須脂肪酸　129
PDCAサイクル　46
被服気候　136
フード・マイレージ　185, 192
不飽和脂肪酸　129
ブラックボックス　6
飽和脂肪酸　129

マ　行

満足感　78
ミシン糸　174
無機質　127
メリケン針　173
模擬授業　70,
問題解決的な学習　78

ヤ・ラ・ワ　行

ゆとり　16
ライフスタイル　162
略案　67
ワークライフバランス　105

執筆者紹介（執筆順，執筆時）

加地　芳子（かじ・よしこ，京都教育大学名誉教授，編者）　第1章・第2章第4節6

大塚眞理子（おおつか・まりこ，元佛教大学教育学部教授，編者）
　　　　　　　　　　第2章第1節・第2章第4節5・第3章第3節

岸田　蘭子（きしだ・らんこ，京都市立高倉小学校校長）　第2章第2節

田中　洋子（たなか・ようこ，元武庫川女子大学文学部教授）　第2章第3節

南　　佳子（みなみ・けいこ，京都府久御山町教育委員会）　第2章第4節1～4

柴田　陽子（しばた・ようこ，京都教育大学講師〔非常勤〕）　第3章第1節

大本久美子（おおもと・くみこ，大阪教育大学准教授）　第3章第2節

岩本　光恵（いわもと・みつえ，びわこ学院大学講師（非常勤）
　　　　　　　　　　・同大学短期大学部講師（非常勤））　第3章第4節

榊原　典子（さかきばら・のりこ，京都教育大学教授）　第3章第5節

井上えり子（いのうえ・えりこ，京都教育大学教授）　第3章第6節

赤松　純子（あかまつ・じゅんこ，和歌山大学教育学部教授）　第3章第7節

初等家庭科教育法
――新しい家庭科の授業をつくる――

2011年4月30日	初版第1刷発行	〈検印省略〉
2016年4月30日	初版第4刷発行	

定価はカバーに
表示しています

編著者	加地　芳子
	大塚　眞理子
発行者	杉田　啓三
印刷者	中村　勝弘

発行所　株式会社　ミネルヴァ書房

607-8494 京都市山科区日ノ岡堤谷町1
電話075-581-5191/ 振替01020-0-8076

© 加地・大塚ほか, 2011　　　中村印刷・清水製本

ISBN978-4-623-05986-7
Printed in Japan

教職をめざす人のための 教育用語・法規

広岡義之編　四六判312頁　本体2000円

190人あまりの人名と，最新の教育時事用語も含めた約860の項目をコンパクトにわかりやすく解説。教員採用試験に頻出の法令など，役立つ資料も掲載した。

教職論［第2版］——教員を志すすべてのひとへ

教職問題研究会編　A5判240頁　本体2400円

「教職の意義等に関する科目」の教科書。教職と教職をめぐる組織・制度・環境を体系立ててわかりやすく解説した，教職志望者および現場教員にも必読の一冊。近年の法改正，学習指導要領改訂をふまえて全面改訂した。

初等算数科教育法——新しい算数科の授業をつくる

黒田恭史編著　A5判228頁　本体2400円

新しい学習指導要領（平成20年告示）に対応した小学校算数科の指導法入門書。算数科の目標，内容，指導，評価と，これからの算数科授業の構成・展開をわかりやすく解説する。

事例で学ぶ学校の安全と事故防止

添田久美子・石井拓児編著　B5判156頁　本体2400円

「事故は起こるもの」と考えるべき。授業中，登下校時，部活の最中，給食で…，児童・生徒が巻き込まれる事故が起こったとき，あなたは——。学校の内外での多様な事故について，何をどのように考えるのか，防止のためのポイントは何か，指導者が配慮すべき点は何か，を具体的にわかりやすく，裁判例も用いながら解説する。学校関係者必携の一冊。

——— ミネルヴァ書房 ———

http://www.minervashobo.co.jp/